LE SERPENT ET L'ÉCHELLE

Gita Mehta

LE SERPENT ET L'ÉCHELLE

Au cœur de l'Inde éternelle

Traduit de l'anglais
par Dominique Rinaudo

Albin Michel

Titre original :

SNAKES AND LADDERS. A VIEW OF MODERN INDIA

© Gita Mehta, 1997

Traduction française :

© Éditions Albin Michel, S.A., 1997
22, rue Huyghens, 75014 Paris

ISBN : 2-226-09396-6

« Si j'avais dix ans de moins, je serais fort tenté de faire un voyage en Inde, non dans le but de découvrir quelque chose de nouveau mais pour pouvoir jeter mon propre regard sur les découvertes déjà faites. »

Johann Wolfgang Goethe, 1787

Prologue

Le jeu des serpents et des échelles, qui appartient à la tradition indienne, ressemble un peu au jeu de l'oie des Occidentaux. Après avoir jeté les dés, le joueur déplace son pion sur un parcours comprenant cent cases numérotées. C'est le caractère imprévisible de la partie qui, enfants, nous attirait. A l'aléa du chiffre déterminé par les dés s'ajoutait l'impression de danger que dégage le plateau de jeu, dont la géométrie austère est rompue par des échelles posées de biais sur les cases, et par des serpents ouvrant des gueules béantes. Atterrir au pied d'une échelle permet de la gravir et de franchir ainsi parfois trente cases d'un coup. Voilà pour les avantages. Mais l'on peut aussi atteindre la case numéro quatre-vingt-dix-neuf et se retrouver nez à nez avec un serpent aux couleurs criardes, le long duquel il faut alors redescendre en se faisant doubler à toute allure par son adversaire goguenard.

Naturellement, comme tous les jeux de l'Inde ancienne, celui des serpents et des échelles n'a pas été créé uniquement pour occuper les enfants les jours de pluie. J'ai eu l'occasion d'en voir des représentations sur tissu datant du XVIe siècle, et autrefois exposées dans des monastères isolés au cœur de l'Himalaya. De même que les échecs ont été conçus pour enseigner la stratégie militaire, de même le jeu des serpents et des échelles constituait un rituel, le Gyanbaji, ou Jeu de la connaissance, véritable méditation sur le cheminement de l'humanité vers sa libération.

L'Inde est une république depuis 1947. Notre premier demi-siècle d'indépendance a été un parcours de montagnes russes, aux pics si soudains qu'ils nous ont laissés étourdis de vertige, aux creux si profonds qu'ils nous ont ôté jusqu'à l'espoir de jamais résoudre nos problèmes. C'est à croire que le jeu des serpents et des échelles a été inventé dans un seul but : illustrer nos tentatives d'éclairer notre pays ancien aux lumières du monde moderne sans renoncer à ce qui fait la valeur et la spécificité de notre passé.

Il semblerait parfois que, dans l'effort pour nous libérer des injustices préhistoriques bafouant nos libertés politiques, nous ayons été hissés au sommet d'échelles inespérées en sautant les étapes douloureuses franchies par d'autres pays. Parfois aussi, dévorés par les serpents des cauchemars anciens, nous nous sommes retrouvés à la case départ après un demi-siècle d'indépendance.

Peut-être les historiens sauront-ils découvrir la logique qui se dessine derrière les premières années de liberté de l'Inde. Pour ma part, je ne perçois pas autrement que fragmenté ce pays dans lequel s'entrechoquent univers et époques, avec une vélocité qui défie l'entendement. Les réflexions qui vont suivre répondent à mon besoin de m'expliquer l'Inde contemporaine. J'espère que d'autres y découvriront également les multiples facettes d'un monde extraordinaire pris dans le tourbillon d'une époque extraordinaire.

Ce livre est dédié

« [au] seul pays au monde présentant un intérêt
impérissable pour l'étranger — prince ou
paysan —, pour le lettré et l'ignorant, le sage et le
fou, le serf et l'homme libre ; [à] la seule terre que
chacun désire voir, sachant qu'une fois ce désir
comblé, même brièvement, personne n'échangerait cet unique regard contre toutes les splendeurs
du monde réunies ».

Mark Twain, 1897.

Première partie

CHAPITRE PREMIER

Le Chant de la Liberté

A trois heures du matin, ma mère dansait encore au Roshanara Club de Delhi lorsqu'elle ressentit les premières douleurs. Transportée d'urgence à l'hôpital, elle me donna le jour une heure plus tard.

Ma marraine me prit dans ses bras et exigea que l'on m'appelât Jeanne d'Arc. C'était une révolutionnaire, voyez-vous, comme beaucoup d'autres jeunes ayant passé cette nuit-là à danser avec ma mère. Fréquemment forcés de vivre dans la clandestinité à cause de leurs activités politiques contre l'Empire britannique, ces soldats de la liberté — comme ils aimaient se faire appeler — consacraient un temps fou, lorsqu'ils n'étaient pas en prison, à danser la rumba, le tango ou le fox-trot en souhaitant le départ imminent des Britanniques.

Mes parents habitaient New Delhi, la capitale toute neuve donnée par Lutyens à un empire conçu pour l'éternité, mais qui au bout de vingt ans à peine chancelait déjà sur ses bases. Leur maison servait d'asile à un si grand nombre de nationalistes indiens fuyant la police que, dans tout le pays, elle fut bientôt connue chez l'élite des soldats de la liberté sous le nom de Paradis des Fugitifs.

Le matin de ma naissance, le Paradis des Fugitifs décida à la majorité consensuelle que Jeanne d'Arc ne faisait vraiment pas très indien ; on me nomma donc Gita, qui veut dire chant. Comme dans « Chant de la Liberté » : pendant les années quarante, la liberté semblait à portée de main. Ce choix s'avéra bientôt le reflet d'un optimisme prématuré. Trois semaines plus tard, jour pour jour, six agents armés débarquèrent à la maison, passèrent les menottes à mon père et l'emmenèrent en prison.

C'était à cause des pistolets. Une décennie de non-violence sous Gandhi n'avait pas suffi à déloger les Britanniques. Les ardents nationalistes, mus par leur jeunesse et leur soif de liberté, avaient acquis des armes auprès d'officiers de l'armée indienne sympathisants, en prévision du jour où ils risqueraient d'avoir à choisir entre mourir debout et vivre à genoux. En effet, quelques années auparavant, un cousin germain de mon père, jeune poète de dix-neuf ans, avait préféré mourir d'une rafale au cours du raid contre l'arsenal britannique de Chittagong, dont il avait le commandement, plutôt que de se rendre. Il ignorait que son jeune frère avait déjà été blessé et fait prisonnier.

Se laissant menotter, mon père profita de ce qu'il faisait ses adieux à ma mère pour lui dire de se débarrasser des armes. Si on les trouvait, il était assuré de partager le sort de son malheureux cousin déporté à l'âge de quatorze ans au si redoutable pénitencier de Kala Pani, sur l'île dite de l'Eau-Noire, l'une des lointaines îles Andaman où seuls les plus dangereux prisonniers étaient incarcérés. Les conditions de vie y étaient si épouvantables que la moitié des soixante et quelques détenus condamnés à perpétuité en même temps que mon oncle avaient fini par se suicider dans leur cellule.

Pour ma mère, le problème des armes fut un véritable casse-tête. Comme beaucoup de jeunes filles du nord de l'Inde, elle avait été élevée dans la réclusion des quartiers réservés aux femmes. Retirée du monde sous l'égide de

ses préceptrices — dont une gouvernante écossaise —,
elle avait reçu une éducation traditionnelle visant à faire
d'elle une artiste accomplie ; elle était donc capable
d'exécuter une aquarelle des lacs de son Cachemire
natal, de jouer un *raga* sur son sitar, de reconnaître des
citations en sanskrit classique ou de réciter des quatrains
persans. Mais ses connaissances en certaines disciplines
modernes laissaient nettement à désirer.

Dès le début de leur mariage, mon père s'était attaché
à combler ces lacunes. Redéfinissant subtilement les
priorités et passant outre à leur grande différence de
taille, il avait commencé par lui apprendre les danses de
salon. Puis il l'avait initiée au bridge. Ensuite, il l'avait
mise sur une bicyclette, poussée jusqu'à ce qu'elle trouve
son équilibre toute seule et lâchée. Elle avait parcouru la
moitié du tour de la ville avant d'avoir le courage de descendre de vélo, mais cette seule et unique leçon avait fait
d'elle une cycliste pour la vie.

Etant lui-même en passe de devenir un as de l'aviation,
mon père avait décidé qu'elle devait apprendre à pilo-
ter ; au moment de son incarcération, elle était devenue
un vrai démon aux commandes de son Tiger Moth. Mais
conduire une automobile — atout pourtant indispensable en ces temps critiques — n'était pas dans ses
cordes. Sur notre petit cabriolet Sunbeam Talbot, mon
père ne lui avait encore appris qu'à sortir en marche
arrière de la longue allée qui reliait le Paradis des Fugitifs au monde extérieur.

Il en fallait davantage pour arrêter ma mère. Dès
qu'on eut embarqué mon père, elle fourra les pistolets
et les munitions dans des taies d'oreiller, monta dans la
Talbot, franchit les grilles et fonça résolument en
marche arrière aussi loin qu'elle le put sur la route, pour
jeter sa cargaison dans un fossé obscur. Puis elle fit demi-
tour et regagna la maison ; exceptionnellement ce jour-
là, le Paradis des Fugitifs n'abritait aucun révolutionnaire

17

susceptible de garder les deux très jeunes enfants qui réclamaient une attention constante : mon frère, âgé de un an, et moi-même, qui étais tout bébé.

Le lendemain, ma mère se rendit compte qu'elle avait déposé les pistolets au pied du mur entourant la propriété de l'inspecteur de police principal. Heureusement, cette époque troublée ne l'avait pas empêchée, en ménagère économe qu'elle était, de veiller à ne pas sacrifier son linge chiffré, si bien que personne ne put jamais établir le lien entre les armes et notre maison.

Quelques mois plus tôt seulement, mon père avait été vivement complimenté, décoré même, par la vice-reine des Indes, pour avoir évacué un grand nombre de civils britanniques menacés par l'avance japonaise en Birmanie. Atterrissant sur un terrain impraticable, faisant sortie après sortie accompagné de son seul mécanicien, se délestant de combustible pour pouvoir prendre davantage de femmes et d'enfants à bord de son avion plein à craquer, père avait fait preuve de cette inconscience qualifiée après coup d'héroïsme, mais qui dans le feu de l'action n'est rien d'autre que l'attitude normale des jeunes gens jouant avec la vie et la mort.

Dès qu'éclate un conflit nationaliste, on perd toute sentimentalité. Père ne voyait aucun paradoxe dans le fait de cacher des pistolets pour s'en servir plus tard contre des Britanniques qu'il avait sauvés au péril de sa vie. De leur côté, les Britanniques avaient emprisonné sans état d'âme un homme en qui ils venaient de reconnaître un sauveur.

C'est à ma mère qu'incombait la tâche de vivre ces contradictions au quotidien. Pendant près de quatre ans, flanquée de deux enfants en bas âge, elle suivit mon père de prison en prison, lui faisant passer des lettres secrètes qu'elle cachait dans les semelles des chaussures de mon frère. Malheureusement celui-ci, tout fier de son importance, tenait absolument à dévoiler ces cachettes aux gardiens, ne faisant qu'allonger la peine de mon père.

Au bout de deux ans, ma mère nous confia à un couvent à l'écart de la ville pour mieux se consacrer à tuer dans l'œuf les tentatives d'évasion de plus en plus risquées de son mari. Jusqu'au jour béni où il se cassa le bras en plusieurs endroits, et où elle persuada un médecin révolutionnaire de réduire les fractures à sa manière, c'est-à-dire en immobilisant son bras en l'air. Pendant des mois, mon père resta figé dans la position de l'agent de police réglant la circulation, pour la simple et unique raison que ma mère craignait que sa haute taille et son tempérament belliqueux ne fissent de lui une cible toute désignée, **et qu**'il ne fût de nouveau arrêté et déporté.

Entre-temps, père mettait à profit ses années de prison pour améliorer ses talents de cuisinier et de joueur d'échecs, ainsi que pour ourdir des complots contre l'Empire britannique. Dans son scénario favori, il fallait qu'il devienne magnat du textile. L'industrie textile, semblait-il, employait les mêmes teintures et produits chimiques **que** ceux utilisés dans la fabrication des billets de banque. Père était persuadé que moins de six mois après sa libération, il serait en mesure d'inonder le pays de fausse monnaie et provoquerait ainsi la chute du Raj britannique.

Bien des années plus tard, alors que l'Inde avait gagné son indépendance depuis si longtemps que les souvenirs de l'Empire s'effaçaient de nos mémoires, je téléphonai d'Europe à mes parents pour leur annoncer que j'étais enceinte. Ils me félicitèrent avec enthousiasme et me demandèrent de rentrer en Inde pour la naissance. Mais de cette longue conversation je n'ai retenu qu'une petite remarque : «Comme ça, au moins, nous aurons vu notre premier petit-enfant naître en terre indienne. »

Je me rendis compte alors pour la première fois que

19

ni mon mari ni moi n'étions nés citoyens d'une Inde libre.

Cherchant à comprendre ce que cela représentait au quotidien de vivre sous la tutelle d'un colon, je demandai à ma mère : «Quel est le plus mauvais souvenir de ta vie sous domination britannique?

— Mon plus mauvais souvenir?

— Le pire de tous.»

Ma mère réfléchit si longtemps que je crus qu'elle feuilletait mentalement un album de souvenirs trop douloureux pour pouvoir les exprimer — mon père emprisonné, elle-même courant d'un service à l'autre pour tenter d'obtenir sa libération, ou mettant ses enfants très jeunes en pension —, ou encore qu'elle hésitait à choisir entre tant d'expériences humiliantes pour me répondre.

Elle me dit enfin : «Je me revois à l'âge de seize ans, marchant sur un quai de gare avec le plus vieil intendant de mon père avant de monter dans un train pour Lahore. Tout d'un coup, une Anglaise passe la main par la fenêtre de son compartiment et soulève le turban de mon compagnon. J'étais horrifiée qu'elle ait osé sans plus de façons attenter à la dignité d'un homme âgé! Je me tourne vers elle, en essayant de trouver l'insulte la plus abjecte que je connaisse en anglais, et je lui crie : "Quel culot! Espèce de vieille sorcière!"

— La police est intervenue?

— La police? Comment ça, la police? L'Anglaise me regarde par sa fenêtre. Elle était rousse. Elle me dit : "Ma chère petite, vous aussi, un jour, vous serez une vieille sorcière." Voilà mon pire souvenir du Raj britannique.»

Les mères indiennes traditionnelles n'étant guère enclines à l'humour pince-sans-rire, je dus prendre sa réponse pour argent comptant.

Je décidai donc de poser la même question à mon père, m'attendant à ce qu'il me parle de la fois où, alors qu'il était écolier, un agent de police — qui souffrait peut-être simplement de la chaleur — l'avait à moitié assommé d'un coup de gourdin. Ou d'expériences similaires, moins à cause de la douleur subie que de l'impossibilité de riposter. Ou, au moins, des mois qu'il avait passés dans la solitude de la prison.

Mais il me dit : « Un jour, on m'a demandé d'emmener un colonel britannique et son adjoint sur le front du Nord-Ouest. Comme je montais dans le cockpit, le colonel a déclaré à voix haute et intelligible : "Je refuse de mettre les pieds dans un avion piloté par un foutu indigène !" Il n'avait pas le choix, tu t'en doutes. Nous avons donc décollé, mais je me suis posé dans un champ à environ cent cinquante kilomètres de Quetta, l'endroit le plus chaud de tout le pays. Et sans un arbre à des lieues à la ronde, c'était une vraie fournaise. Le colonel transpirait à grosses gouttes en pestant contre les indigènes et virait peu à peu au cramoisi sous le soleil ; pendant ce temps-là, son adjoint hochait la tête d'un air soumis.

— Qu'est-ce que tu as fait ?

— Je suis remonté dans l'avion en lui disant de se trouver un pilote qui ne soit pas indigène, et j'ai redécollé. Il a dû se débrouiller pour rejoindre Quetta à pied. »

Au fil des années, j'ai dû me rendre à l'évidence : si grands que soient mes talents de persuasion, je n'amènerais jamais ni mes parents ni leurs compagnons de lutte à évoquer leurs souffrances. Ils parlent passionnément de celles des autres, par exemple cette génération entière de la jeunesse dorée du Bengale — rejetons des plus puissantes et illustres familles de l'Inde — qui avait dû se cacher dans les docks de Calcutta après avoir rejoint le Parti communiste clandestin. Les Forces alliées ayant réquisitionné la nourriture en prévision d'une attaque japonaise sur l'Inde qui n'eut jamais lieu, une famine avait éclaté au Bengale. Une fois débloqués, les vivres s'écoulèrent au marché noir, c'est-à-dire à un prix inabordable pour les petites gens. Cet hiver-là, l'hiver 1942, alors que des tonnes de nourriture pourrissaient sur place, près de trois millions de personnes moururent de faim, en particulier dans les rues de Calcutta.

Aujourd'hui, plusieurs décennies plus tard, ces vaillants nationalistes tremblent encore de rage en évoquant ces injustices, qu'ils vivent comme autant d'atteintes personnelles. Mais celles qu'ils ont subies eux-mêmes, ils les taisent : à leurs yeux, elles représentent le prix à payer pour qui refuse de rester assujetti à une puissance étrangère et veut devenir citoyen d'un pays libre. Chaque fois qu'ils parlent de ces années de lutte nationaliste, c'est pour raconter des plaisanteries et des histoires drôles. A les entendre, c'est à croire que le simple fait d'avoir été en vie à l'époque était un bonheur, et jeune de surcroît, le bonheur suprême.

Et peut-être ont-ils raison. Le mouvement nationaliste a rompu bon nombre des tabous qui bridaient la société conventionnelle. Les femmes ayant reçu l'éducation de ma mère n'auraient jamais pu espérer côtoyer autant de jeunes gens hors du commun dans une atmosphère aussi stimulante. Et l'attrait de cette vie ne se limitait pas aux avions, aux pistolets, aux périlleux jeux de cache-cache avec la police, aux rapports entre hommes et femmes libérés du chaperonnage. Leur désir de liberté propulsait ces jeunes hors des limites de leurs vies protégées et de la respectabilité communément admise, pour les jeter dans des mondes inconnus où ils étaient obligés de compter sur leurs propres forces.

Ma grand-mère, par exemple, venait d'une célèbre famille hindoue de l'est du pays : elle avait dérogé à une convention rigide en épousant un nationaliste éminent qui était aussi un musulman du Nord. Son mentor, la plus grande figure de l'Inde moderne, Sarojini Naidu — qui appelait Gandhi Mickey Mouse et fut décrite par

Robert Payne, le biographe du mahatma, comme « exubérante, terre à terre, irrévérencieuse, improbable… une de ces femmes mises au monde pour le plus grand bonheur de tous » —, avait déjà froissé les sensibilités indiennes en se mésalliant.

Ces femmes-là n'avaient peur de rien, qu'elles fussent sur des barricades ou parties braver le roi empereur dans son palais, ou encore en train de marcher en tête d'une manifestation contre la police montée. Plus tard, cette même audace les conduirait dans les villes les plus peuplées de l'Inde, au cœur des pires émeutes qui éclatèrent entre hindous et musulmans lors de la séparation du sous-continent en deux nations, l'Inde et le Pakistan. Là, sans armes ni protection aucune, elles essaieraient de stopper les massacres par leur seule volonté.

Cette détermination, j'ai du mal à comprendre aujourd'hui quelle en était la teneur. Leur courage ne semblait inspiré ni par le besoin de se dépasser ni par un dogme idéologique ou une ferveur religieuse, ces certitudes qui motivent d'habitude les actions suicidaires. Il m'arrive même de me demander si ces femmes possédaient véritablement ce que le mahatma Gandhi appelait une force morale.

Pour mieux cerner la nature de leur courage, j'ai interrogé mon oncle autrefois envoyé au pénitencier de Kala Pani.

C'était un homme affectueux qui aimait jouer du piano et qui, à soixante-dix ans passés, posait toujours sur le monde un regard plein de curiosité enfantine. Mais il m'impressionnait terriblement ; pensez, dix-sept ans dans un pénitencier !

« Tu n'as pas eu peur quand ta condamnation a été prononcée ?

— Bien sûr que si. Je n'avais que quatorze ans. On m'avait tiré une balle dans la cheville, torturé et interrogé pendant des semaines, condamné aux travaux forcés à perpétuité, puis enchaîné et embarqué à bord du navire qui devait nous emmener à Kala Pani. Et pourtant, je ne crois pas avoir vraiment connu la peur jusqu'au moment où nous avons accosté et où j'ai vu quatre geôliers britanniques en short colonial et chaussettes au genou, qui faisaient claquer leur fouet sur le sable en criant : "C'est ici qu'on dompte les tigres du Bengale !" »

Puis mon oncle a souri. « Je ne souhaite pas à tout le monde de vivre ce que j'ai vécu. Mais je pense que lorsqu'on côtoie la peur au quotidien pendant des années et qu'on a la chance d'y survivre, on commence à en cerner les limites. De toute façon, la domination britannique était elle aussi une forme d'emprisonnement. Nous étions privés de la liberté de parole et de presse, et les réunions étaient interdites. Au moins, maintenant, nous sommes citoyens d'une nation libre. »

C'est sans doute vrai sur le papier. Mais, en cinquante ans d'indépendance, les noms de nos véritables combattants pour les libertés ont été progressivement rayés de nos livres d'histoire.

Ils ont été remplacés par des leaders imposants et ennuyeux à pleurer, qui prétendent non seulement avoir servi leur pays toute leur vie, mais aussi, ce qui est pis, incarner ce pays. Eux et leurs fils. Et les fils de leurs fils, et ainsi de suite jusqu'à l'écœurement.

Cette deuxième revendication, en particulier, est une pilule bien amère à avaler, surtout sachant que ces personnages n'ont jamais reculé devant rien pour justifier l'emprisonnement massif des dissidents. Et encore n'ont-ils jamais rencontré d'opposition farouche.

D'ailleurs, depuis son indépendance, l'Inde a suivi une évolution très intéressante : nous sommes passés d'une attitude de détermination individuelle face à l'injustice sociale et politique à une lâche flatterie des détenteurs du pouvoir.

C'est même l'attitude inverse qui est devenue l'exception aujourd'hui. J'eus un jour l'occasion de rendre visite à un haut fonctionnaire ; son bureau était situé trois maisons plus loin que celui du Premier ministre de l'époque, Indira Gandhi, qui avait déjà commencé à abuser de ses pouvoirs et à confondre le pays avec une propriété familiale. Naturellement, son obsession pour cet héritage imaginaire n'avait d'égale que sa paranoïa dirigée contre d'éventuels contradicteurs ; en conséquence de quoi, son gouvernement se caractérisait par un climat de rumeurs et de calomnies que des courtisans dévorés d'ambition colportaient contre leurs collègues, et par toute la panoplie de l'espionnage et du contre-espionnage dont s'entoure le tyran potentiel.

La femme qui, dans ses discours publics, avait pris l'habitude de haranguer les foules ainsi : « Souvenez-vous que c'est mon père qui vous a donné la liberté ! » ne manifestait guère de sympathie pour les membres du gouvernement un peu trop indépendants d'esprit.

Quel ne fut donc pas mon étonnement d'entendre ce fonctionnaire exprimer son exaspération, et accuser sans le moindre scrupule le Premier ministre de « népotisme » et de « paranoïa ».

« Etes-vous sûr de ne pas y aller un peu fort ? lui demandai-je, admirative. Après tout, elle est votre employeur.

— Certainement pas, bon sang ! me rétorqua-t-il d'un ton rogue. Mon employeur, c'est le peuple indien. Ne l'oubliez jamais. Je suis ici chez moi, nom de Dieu ! »

Un si plaisant accès de mauvaise humeur suffit à vous donner l'envie de vous accrocher à votre passeport indien pendant encore un demi-siècle de liberté.

C'est du moins l'idée qui m'est venue à l'esprit le jour où, à l'aéroport de New Delhi, un officier d'immigration m'a demandé depuis combien de temps je résidais à l'étranger. En entendant ma réponse, il a ouvert des yeux incrédules. « Et vous avez toujours un passeport indien, madame ? Puis-je vous demander pour quelle raison ? »

C'était l'occasion ou jamais de lui répondre crûment. Mais j'étais dans un pays où les dames ne jurent pas. Je n'ai donc pas pu me résoudre à lui aboyer à la figure : «Parce que je suis ici chez moi, nom de Dieu! Ne l'oubliez jamais!»

CHAPITRE 2

Qui a peur d'être indien ?

« Pourquoi les gens ne se voient-ils jamais dans le rôle de l'Indien ? » me demande le journaliste, ce qui ne manque pas de surprendre les autres invités participant à la table ronde.

Nous faisons une émission pour la radio londonienne. La matinée commence à peine. Intriguée, je regarde fixement l'homme interviewé juste avant moi. Il est dentiste à Birmingham — je crois que c'est ainsi qu'on nous l'a présenté — mais il porte un costume de cow-boy américain : chapeau à large bord, *chaps*, deux pistolets à la ceinture. Nous avons beau **ne pas** bénéficier de l'image, il vient de nous prouver par une petite démonstration qu'il dégaine plus vite que son ombre.

« Ne trouvez-vous pas bizarre que tout le monde veuille jouer au cow-boy ? » lui demande le journaliste, et je me retrouve avec deux canons pointés sur moi. « Dites-moi, pourquoi les gens ne veulent-ils jamais jouer à l'Indien ? »

Le dentiste, trop occupé à rengainer ses pistolets, n'a pas entendu la question, et le journaliste se tourne vers moi : « A votre avis, pourquoi les gens ne se voient-ils jamais dans le rôle de l'Indien ?

— Eh bien, dis-je en surveillant le cow-boy d'un œil méfiant, disons que certains n'ont pas vraiment le choix. »

27

Les autres invités éclatent d'un rire nerveux. Ils ont remarqué mon sari et le point rouge qui orne mon front, autant de signes me désignant comme Indienne ; une Indienne d'un type différent, certes, mais pas moins susceptible de prendre cette question innocente pour une insulte raciste. La situation aurait intéressé l'officier d'immigration incapable de comprendre pourquoi, ayant eu l'occasion de me faire naturaliser dans un pays industrialisé, je n'avais pas saisi cette chance.

Beaucoup de personnes partagent d'ailleurs son étonnement, comme pourrait le confirmer n'importe lequel de ses homologues occidentaux ; car, en effet, l'une des tendances les plus marquées de l'histoire contemporaine est un mouvement de populations en provenance d'anciennes colonies vers les pays que leurs ancêtres ont dépensé tant d'énergie à chasser de chez eux. La question est de savoir pourquoi.

J'ai gardé de ma jeunesse en Angleterre des souvenirs très précis de joutes verbales avec mes camarades à propos de nos diverses nationalités. Nos adversaires, de petits blondinets au teint rose habillés à la mode occidentale en jeans et jupes à volants — nous sommes dans les années cinquante —, se moquaient des laiderons que nous étions avec nos nattes impeccables et nos habits sobres qui nous couvraient les bras et les jambes.

« Qu'est-ce qu'il y a chez vous, à part des serpents et des singes ? hurlaient-ils. Les Indiens sont pauvres, sales et arriérés ! »

N'y tenant plus, nous ripostions : « Eh bien, nous, on a construit le Taj Mahal !

— Mais ça, c'était il y a des centaines d'années ! ricanaient-ils. Et maintenant, qu'est-ce que vous savez faire ?

— Euh... euh... »

A l'époque, déjà, il était clair que si notre passé fécond pouvait nous valoir quelque respect, notre avenir, lui, était quasiment condamné. Car les statistiques concernant notre génération étaient alarmantes : elles trahissaient un fardeau d'inégalités sociales et économiques que les efforts les plus herculéens semblaient impuissants à aplanir. De leur côté, ces nabots si sûrs d'eux dans leurs pays industrialisés avaient pour seul souci le choix de leur prochain bien de consommation. Sacrément injuste, murmurions-nous. Pourquoi ne pouvions-nous pas être comme eux ?

En d'autres termes, pourquoi ne pouvons-nous pas tous être des cow-boys ? Pourquoi faut-il qu'il y ait des Indiens ?

Car enfin, aujourd'hui, être indien, c'est crouler sous l'énormité des tâches que nous a léguées notre héritage de liberté.

Nous sommes trop nombreux.

Notre taux d'alphabétisation est trop bas.

La moitié d'entre nous vivent au-dessous du seuil de pauvreté.

Dans la fonction publique, la corruption est devenue la règle à tous les niveaux. Comme l'a fait remarquer un jour le député Piloo Modi à ses collègues scandalisés : «En Inde, il est indigne de poster une lettre, de s'équiper d'un téléphone, de mettre son enfant à l'école, de rechercher une aide médicale, de trouver du travail, d'acheter un billet de train. »

Mais je trouve absolument étonnant que notre pays ait su se doter d'un Parlement.

Ce qui nous différencie de la génération des combattants pour l'indépendance, c'est un sentiment d'impuissance.

«A quoi ça sert de voter ? répondit un homme de la rue interrogé sur ses intentions de vote aux législatives. Le gouvernement foire, le pays foire, tout foire de plus en plus. »

Et pourtant nous jouissons de la suprême consolation qu'apporte la liberté : nous avons fichu les requins dehors. Soixante-dix pour cent de l'électorat s'en prévaut à chaque élection législative.

A mes yeux, le maintien de la démocratie en Inde constitue l'un des miracles de notre siècle usé par les guerres. Ce concept inventé en Grèce il y a deux mille cinq cents ans pour un petit Etat-cité a su s'adapter à neuf cents millions d'Indiens engagés dans un gigantesque débat sur l'avenir.

Un habitant du globe sur six est indien et s'attache à créer un monde acceptable pour tous. Il est impossible, vu l'ampleur de notre débat public, d'escamoter la réalité, si amère soit-elle. Chaque élection exige davantage de responsabilité et de transparence, et fait de plus en plus pression pour que les problèmes soient enfin abordés. Chaque victoire augmente le sentiment de pouvoir des individus, leur refus d'entériner les injustices du passé. C'est grâce à cette hardiesse que la moitié de notre population, dont une grande part a connu la misère noire, a pu émerger dans la lumière du possible. Et cela en cinquante ans de liberté.

Alors, quand on me demande aujourd'hui quel intérêt il y a à être indien, je ne trouve aucune raison très noble à invoquer, si ce n'est une curiosité avide envers l'avenir.

Imaginez que, par un consensus démocratique, l'autre moitié de notre population s'élève au-dessus du seuil de pauvreté et que nous arrivions à créer un pays où chacun ait sa part du gâteau.

Cela concernerait un sixième de l'humanité.

Imaginez ce que cela représenterait pour l'Inde.

Imaginez ce que cela représenterait pour le monde entier.

CHAPITRE 3

Chez moi, nom de Dieu !

Reste à définir l'Inde, même si, comme l'enseigne le *Rig Veda*, il est impossible d'affirmer son existence.

La réponse la plus satisfaisante, je l'ai découverte par hasard lors d'un voyage dans une jungle de l'est du pays, sur une pancarte de bois clouée à un tronc d'arbre. Maîtrisant mal la langue mais possédant une assurance enviable, quelqu'un avait laborieusement inscrit : BIEN-VENUE EN INDE — TERRE D'ANTIQUITÉ CHENUE ET DE FABULEUX CONTRASTES. De cette époque d'« antiquité chenue », justement, nous est parvenue une légende suggérant une autre définition de notre pays.

Cette légende raconte qu'il y a plusieurs siècles deux des plus grands sages de l'Inde se rencontrèrent pour une sorte de joute spirituelle. L'un était un grand ascète ayant atteint à l'indestructibilité après une longue vie de pénitences extrêmement dures, qui lui avait valu le nom d'« ascète à la Dureté de Diamant ». L'autre était un poète qui n'avait fait aucune pénitence et qui pourtant était considéré comme l'homme le plus saint de toute l'Inde. Il était révéré comme le « Champ de l'Expérience ».

Furieux que le poète fût plus respecté que lui, l'ascète lui fourra une épée entre les mains et le mit au défi de le blesser avec. Le poète obéit et lui en assena un grand coup. L'arme se brisa en mille morceaux sans même avoir égratigné l'ascète. Ensuite, de toutes ses forces, l'homme à la Dureté de Diamant abattit sa propre épée sur la tête du Champ de l'Expérience, espérant le couper en deux. La lame traversa sans le mutiler le corps du poète, en qui l'ascète mortifié dut reconnaître un maître : ses propres pénitences n'avaient fait que lui donner la force alors que son adversaire l'avait dépassée.

Prise allégoriquement, cette légende nous dit que l'Inde n'est pas une véritable nation. En tout cas c'est une nation dépourvue, contrairement à tant d'autres pays, de convictions dures comme le diamant quant à son identité nationale. Ce n'est pas même une civilisation unique, mais plutôt plusieurs civilisations à divers stades d'avancement, coexistant malgré leurs contradictions.

Pendant toute mon enfance, cela n'a pas empêché la capitale d'être chaque année le siège d'une grande agitation au moment où le Conseil d'intégration nationale réunissait les gros bonnets venus des quatre coins du pays pour discuter — sans succès — des conditions à remplir si l'on voulait faire de l'Inde une nation digne de ce nom.

A cette époque d'indépendance toute neuve, les Occidentaux nous assaillaient de questions aussi agressives que déprimantes : « Quand l'Inde va-t-elle faire sa révolution ? » ou « Pourquoi l'Inde n'a-t-elle pas effectué sa Longue Marche ? ».

Ce que ni les membres du Conseil ni ces inquisiteurs occidentaux ne comprenaient, c'est que pour connaître ce genre de soulèvement dramatique un pays a besoin d'une identité cohésive, chose dont, précisément, nous manquons.

L'absence d'une entité contrôlable a toujours agacé les pouvoirs en place. Elle rendait fous les bureaucrates du Raj britannique, qui livraient une bataille perdue d'avance contre le « chaos » indien. Avant eux, elle avait conduit leurs prédécesseurs impériaux, les satrapes de l'empire moghol, à s'adonner à l'opium. Et, à l'évidence, les efforts des dirigeants actuels, qui tentent de centraliser un pays dépourvu de centre, un pays qui n'est rien d'autre qu'un champ de l'expérience, se soldent par les mêmes frustrations.

Ceux qui croient à la dialectique matérialiste ou à l'autorité de l'histoire errent parmi les ruines d'empires glorieux en se plaignant de ce que l'Inde n'a rien appris de son passé. D'autres préfèrent jouer à la roulette statistique et soutenir qu'elle n'a pas d'avenir. Le professeur John Kenneth Galbraith, ambassadeur américain en Inde sous le président Kennedy, avait trouvé une expression accrocheuse mais juste en décrivant notre pays comme une « anarchie opérationnelle ».

Pour moi, ce manque d'homogénéité, jugé si dangereux par les sensibilités stakhanovistes de la fin du XXe siècle, constitue l'essence et la plus grande force de notre génie national : s'il est impossible de contrôler l'insaisissable, il est également impossible de le détruire.

Prenons les contradictions les plus évidentes : la plupart des Indiens considèrent leurs compatriotes comme des étrangers, ce qui se conçoit fort bien. Les Britanniques n'ont jamais gouverné plus des deux tiers de l'Inde. Le troisième tiers se composait de plus de cinq cents royaumes indépendants, ce qui explique que la géographie, les races, les langues, les coutumes indiennes aient moins de choses en commun que leurs équivalents parmi les nations distinctes d'Europe ou d'Amérique.

J'ai demandé un jour à un habitant du sud de l'Inde qui travaillait pour un diplomate à Londres s'il avait le mal du pays.

« Pas vraiment, m'a-t-il répondu. J'ai l'habitude de l'expatriation. Avant de venir à Londres, je travaillais à Delhi. »

Réponse sensée. L'Inde est la somme de milliers de mondes cernés par la mer sur trois côtés et par la majestueuse chaîne de l'Himalaya au nord. Ces frontières abritent à l'est des cultures voluptueuses entourées de rizières et, à l'ouest, des royaumes enfermés dans des forteresses de pierre au milieu du désert. Les descendants des premières peuplades occupent les jungles de l'Inde centrale, tandis que des villes sacrées, vieilles de trois mille ans, fleurissent encore sur les rives de ses fleuves immenses et que des cités marchandes prospèrent dans ses ports historiques.

La nation indienne a beau s'être dotée d'une capitale, le peuple se sent appartenir à un univers indien défiant les hasards de l'histoire. Ce point de vue est confirmé par les particularités physiques de cette capitale. Delhi a été le cœur d'au moins sept empires successifs, dont tous les empereurs sans exception étaient fous d'architecture monumentale. De ce fait, la plus petite promenade dans la ville oblige à méditer sur le côté éphémère des fastes de ce monde.

Derrière les immenses portes en forme d'éléphant gardant une forteresse connue sous le nom de Vieux Fort parce que personne ne sait plus qui l'a construite, les archéologues fouillent les ruines de ce qu'ils pensent être l'empire sacré évoqué dans le poème épique hindou, le *Mahabharata*. Un peu plus loin, se dresse le palais de tuf construit autrefois pour loger le vice-roi du plus puissant empire du monde, l'Empire britannique. Plus loin encore, le massif fort Rouge a abrité les prédécesseurs du vice-roi, les empereurs moghols qui se nommaient eux-mêmes «Ombre de Dieu sur Terre» et donnaient audience sur le trône du Paon, dans une pièce aux murs incrustés de pierres précieuses. C'est sur les remparts de ce même fort que le drapeau de l'Union indienne a flotté pour la première fois, le jour où le pays

34

tronqué a honoré — pour citer le Premier ministre — « son rendez-vous avec le destin ».

Ce destin n'était autre que la liberté politique, garantie des droits qu'elle acquérait en naissant. Cela seul définit l'Indien contemporain.

Devant tant de preuves, les autres définitions ne tiennent pas. Nous avons des origines raciales multiples. Les Aryens des plaines du Nord ne ressemblent pas aux Dravidiens du Sud, et ces deux groupes n'ont à leur tour pas grand-chose en commun avec les Mongols de l'Est. Pas même la langue.

Le gouvernement reconnaît dix-sept langues officielles principales. Chacune possède non seulement sa littérature ancienne et contemporaine, ses propres journaux ou programmes de radio et de télévision, ses propres films, mais aussi son propre alphabet. A quoi s'ajoutent le sanskrit classique et quatre cents autres langues, certaines écrites, d'autres orales, sans oublier notre langue administrative, l'anglais, que nous nous sommes appropriée de manière exceptionnelle en plus de deux cents ans d'usage.

Si, à en croire la Bible, « parler en d'autres langues » est un signe d'inspiration divine, alors à coup sûr l'Inde peut prétendre au titre de pays le plus inspiré du monde. Pourtant, la politique linguistique fait peser une épée de Damoclès sur la tête des citoyens : chaque fois qu'un chauviniste quelconque a la sottise de vouloir imposer sa langue comme langue nationale, des émeutes éclatent dans le pays. Je trouve souhaitables ces réactions passionnées. Imposer une langue commune, avec ce que cela implique de culture commune, à un pays aussi multiple que le nôtre nous diminuerait dramatiquement.

De tous les éléments ayant contribué à notre diversité, rien n'a autant enrichi notre « terre de fabuleux contrastes » que la religion. Entre hindous, chrétiens, musulmans, jaïns, parsis, juifs, bouddhistes et sikhs, en

Inde il est impossible d'échapper à la religion. Chaque fleuve, chaque rivière, chaque lac, chaque montagne a donné naissance à un conte mythologique ; chaque forêt est marquée de fleurs et d'une tache vermeille là où les tribus primitives ont adoré la nature.

L'hindouisme est la religion pratiquée par la majorité des Indiens, bien que le mot « majorité » perde son sens habituel lorsqu'on songe que plus de cent millions d'entre nous sont musulmans, faisant de notre pays la troisième nation musulmane de la planète. Notre communauté chrétienne, vieille de deux mille ans, se réclame d'un disciple du Christ, Thomas, premier missionnaire à avoir abordé les rivages de l'Inde.

Nous avons l'arbre sous lequel le Bouddha a reçu l'Eveil, nous avons des temples hindous construits selon les conseils des dieux, et des mosquées si vastes qu'elles peuvent accueillir soixante-dix mille fidèles agenouillés côte à côte sur leurs tapis de prière pour dire les *namaaz.* Les stupas et monastères bouddhiques sont sculptés dans nos montagnes. Les colosses de pierre de la religion jaïne se dressent sur nos collines. Les parsis ont leurs tours du silence et temples de feu où seuls sont admis les adeptes de Zoroastre, les sikhs leurs Gurudwaras de marbre et d'or. Il y a les cathédrales des catholiques, les églises orthodoxes des Arméniens ayant fui les pogroms de l'Empire ottoman, les synagogues des Juifs. Et les innombrables lieux de pèlerinage commémorant les innombrables hommes saints de notre pays.

Mon lieu de culte préféré illustre admirablement la définition que donne le poète W.H. Auden de la civilisation, à savoir le « degré que la diversité peut atteindre tout en préservant l'unité ». En plein Bombay, dressé sur un refuge pour piétons, un arbre lance un superbe défi au cauchemar urbain. Au milieu d'une circulation anarchique et indifférente, il abrite trois confessions : d'un côté s'élève une croix chrétienne en plâtre, un peu plus loin une petite image de Ganesh, le dieu à tête d'éléphant, divinité hindoue de la protection, et enfin un petit autel en béton sur lequel les fidèles placent leur coran pendant qu'ils adressent leur prière à Allah.

Si l'Inde sait faire preuve d'une tolérance civilisée capable d'accueillir trois religions autour d'un seul arbre, c'est parce que, dans le meilleur des cas, sa culture est une sorte d'énorme éponge absorbant toutes les différences sous l'œil désespéré des puristes. Les autres cultures ont cherché à expurger leur sol des démons étrangers, pour lesquels l'appétit de l'Inde n'a d'égale que sa propension à les bien digérer.

C'est à croire que nous sommes incapables de reconnaître à une culture, quelle qu'elle soit, le pouvoir de nous menacer. A l'inverse de la Chine ou du Japon, l'Inde n'a jamais fermé ses portes, et c'est peut-être ce qui fait sa force. Le Japon était le royaume secret, la civilisation impénétrable... mais où sont passés les kimonos japonais ? En Inde, nous portons toujours nos saris et nos dhotis, non par chauvinisme mais tout simplement parce que c'est ainsi que nous nous habillons — et pourtant, dans les années trente déjà, à l'âge d'or de l'impérialisme, un haut fonctionnaire indien de l'empire risquait le renvoi s'il se présentait à son bureau en costume traditionnel.

Alors, quand je vais chez un Rajput* et que je vois, sur les murs de sa villa du XVIᵉ siècle, des représentations du dieu Krishna jouant de la flûte non pas pour un troupeau de vaches mais assis à l'arrière d'une Rolls Royce, je me sens rassurée : la culture indienne n'est pas morte.

----

* Rajput : hindou descendant des anciens Kshatriyas, ou caste des guerriers. (*N. d. T.*)

Qu'il soit dans un champ, une Rolls ou une fusée, rien n'empêche Krishna de jouer de la flûte.

Mais pourtant, tandis que le reste du monde se rue tête la première vers la bionique, je me demande parfois si nous aussi serons un jour attirés par le chant des sirènes de Disneyland et tentés par une homogénéisation sécurisante. Ainsi, il y a vingt-cinq ans, j'ai connu un moment de doute en tombant par hasard sur une scène qui m'a semblé sonner le glas de la culture indienne.

J'arpentais, à Delhi, l'édifice à colonnades qui abrite la radio d'Etat All India, principal protecteur des arts indiens depuis la fin du mécénat privé. Perdue dans un dédale de studios d'enregistrement, je me trompai de pièce et découvris une jeune femme assise à un bureau métallique dans une petite cellule insonorisée. Elle avait les cheveux recouverts d'un voile de soie brodé et le front orné d'un bijou en émail retenu par un rang de perles. Sous les plis du voile, on apercevait de longues boucles d'oreilles qui oscillaient pendant qu'elle chantait. D'après ses vêtements et sa manière de chanter, je compris que c'était une *mushaïra*, rompue aux arts de la poésie et du chant depuis l'enfance, et capable de tenir les esthètes cyniques en haleine rien qu'en transformant leurs remarques en quatrains repris sur des variations mélodiques, sans jamais se répéter.

Sa formation lui permettait d'affronter n'importe quel public et, grâce à son don artistique, d'établir un dialogue avec lui. Mais l'époque avait changé, et elle était là, dans ses beaux atours, assise sur une chaise en bois au lieu d'être allongée sur un tapis somptueux garni de coussins, séduisant un micro pendu aux dalles isolantes du plafond, cherchant désespérément, de ses yeux fardés, une réaction de la part de l'ingénieur du son enfermé dans sa cabine vitrée, et qui baissait les yeux sur sa table de mixage :

Le monde parle de permanence
Mais en repartant du bûcher funéraire
J'ai croisé le chemin d'un jeune marié.

Si elle avait chanté sa complainte triste en public, elle aurait reçu une pluie de pièces et de compliments. Mais là, dans sa cabine, elle paraissait simplement maniérée : son art, fondé sur le dialogue, se trouvait réduit à une série de moues narcissiques.

Même une scène aussi anodine qu'une *mushaïra* chantant des divertissements dans une cabine d'enregistrement est contraire à la culture indienne. En effet, pour nous, l'art n'est pas un étalage de talent devant un public passif, mais un moment où artiste, public, sujet, discipline, tout concourt à devenir quelque chose approchant l'expérience religieuse, un moment de création mutuelle.

L'un des plus grands maîtres de sitar a décrit comment il avait été formé à amener un public à cette perception religieuse en jouant sur son instrument un *raga* du matin annonciateur de l'aube. Le *bhaïrav*, méditation musicale sur la transition entre ténèbres et lumière, célèbre la renaissance du jour en tant que renaissance spirituelle. Mais le *raga* en soi n'étant qu'une unique gamme, l'excellence du musicien se mesure à ce qu'il sait en faire par ses improvisations, qui durent plus d'une heure.

Ce que raconte ce joueur de sitar sur la manière dont il a appris à exécuter ces quelques notes illustre très bien l'apprentissage de l'art en Inde. Les étudiants se levaient à trois heures et demie du matin. Dès quatre heures et demie, ils devaient être chacun à sa place chez leur gourou qui les attendait dans la cour, une lampe à huile en bronze posée à côté de lui. Les élèves s'asseyaient face à lui sur des draps blancs étalés à même les pavés, sitar en équilibre sur l'épaule gauche, impatients de montrer quels prodiges ils étaient. Le gourou leur demandait de jouer la première note du *raga* à tour de rôle. Croyant qu'il s'agissait d'un exercice d'échauffement, ils s'exécutaient volontiers. Ensuite, le gourou leur demandait de rejouer la même note. Trois heures durant, chaque matin, il ne les autorisait à en produire qu'une seule, leur apprenant à contenir les apirations d'un *raga* entier dans un son unique.

Chaque mois, le gourou leur permettait d'ajouter une note à leur répertoire, jusqu'à ce qu'ils aient compris que l'objet de leur étude était non la musique mais la méditation. Il fallait attendre huit mois pour avoir le droit de jouer la gamme complète, deux ans pour que le gourou autorise son meilleur élève à exécuter le *raga*.

Le maestro relate comment les longues heures exténuantes au cours desquelles, deux années durant, il a dû calmer son esprit, s'obliger à écouter chaque note comme si elle était le son primitif, se concentrer sur la transition de la nuit au jour — différente à chaque saison — lui ont donné une vision dépassant sa personne ou ses talents. Cette vision, il était devenu capable de la révéler par sa musique, conscience religieuse qu'il partageait avec son public.

Les artistes ayant autrefois sculpté la pierre, construit nos grands temples érotiques ou coulé nos bronzes n'obéissaient pas à un autre mobile. Et, plusieurs siècles plus tard, leur art est encore vénéré dans le cadre d'un culte et non coupé du monde par un sentiment d'admiration.

Aujourd'hui, le gouvernement a perdu le contrôle total qu'il avait exercé pendant quarante longues années sur l'audiovisuel. En un sens, la liberté artistique s'en trouve accrue ; mais, d'un autre côté, le dialogue qui s'établit lors d'une représentation en direct est peu à peu en train de céder le pas au monologue imposé par les disques, la radio et la télévision. Dans un monde en mutation, les supports modernes requièrent des stars plus que des artistes, les nouveaux publics préfèrent la sensation à la méditation. La culture indienne pourra-t-elle relever le double défi de la communication et du télémarketing, à l'heure où la jeunesse indienne danse sur des musiques hybrides telles que l'Indi-pop et le Bhangra-rock, à l'heure où les paysans possèdent des téléphones cellulaires, où les satellites prolifèrent dans notre ciel, où les réseaux Internet relient nos villes entre elles ?

Nourrissons le fol espoir de pouvoir nous élever à la hauteur de ce défi et conserver une vie en dehors du monde limité des studios d'enregistrement et des musées. Sinon, nous courons aux ennuis. Nous ne sommes pas très doués pour la conservation. Quant à la décomposition, c'est à peine si nous sommes conscients qu'elle existe. Et pourtant, en Inde, la décomposition possède une fécondité qui nous fait chaque fois entrevoir de nouvelles découvertes. Nous dont l'odeur rappelle davantage le tas de compost que le cimetière, nous déployons une ingéniosité infinie lorsqu'il s'agit d'adapter le progrès pour lui faire englober l'humain.

Un anthropologue m'a parlé un jour d'une cérémonie de fiançailles collectives à laquelle il avait assisté dans une région désertique de l'Inde occidentale. Cinquante filles et garçons étaient ainsi appariés entre deux tribus nomades, l'idée étant de leur assurer un avenir familial, de façon qu'en arrivant à l'âge adulte ils n'aient pas besoin de courir le désert pour trouver à se marier.

Ce soir-là, pour les festivités, les parents s'étaient parés des bijoux traditionnels que l'anthropologue était venu étudier, et qui consistaient en des boules d'argent repoussé accrochées dans les cheveux par de grosses chaînes très travaillées. Mais pour les enfants, ce n'était pas assez branché : ils avaient préféré s'orner la tête de guirlandes de Noël électriques qu'ils alimentaient par de petites piles portées à la ceinture. Les filles étaient ravies de voir le désert briller de mille feux colorés. Quant à l'expert ethnologue venu de la grande ville, il prit enfin conscience de son attitude condescendante. Jusqu'à ce jour, il avait considéré ces nomades non comme des êtres humains mais comme des présentoirs à bijoux.

Aujourd'hui encore, en Inde, nous devons faire un effort pour ne pas oublier que les gens sont des individus et pas seulement des statistiques socio-économiques. Le monde vit depuis si longtemps sous le joug des projections malthusiennes que le terme de population indienne est devenu un gros mot ne servant plus qu'à désigner les explosions démographiques. Pourtant, rien n'a été plus dommageable pour l'Inde moderne que l'hégémonie de la pensée économique dominante, qui craint les pauvres et les voit donc implicitement comme une sous-race qu'il faut réduire à suivre sa logique.

En réalité, même si la moitié de la population mourait subitement et que nous cessions totalement de nous reproduire, nous ne deviendrions jamais une banlieue résidentielle aseptisée sur le modèle de Singapour. Nous sommes un continent et non une ville, un continent qui a — malgré son inertie, la lourdeur de son administration, la vénalité de ses représentants, ses injustices sociales institutionnalisées — constamment démenti les prédictions faites par les prophètes du malheur.

On nous avait prédit que notre démocratie ne tiendrait jamais, sous prétexte qu'un estomac vide ne se nourrit pas de liberté. J'ai même entendu le militant humanitaire Malcolm Muggeridge déclarer à la télévision britannique : «Les gens affamés n'ont aucune idée de ce qu'est la démocratie.» Heureusement, un ancien ministre des Affaires étrangères britannique, lui aussi invité de l'émission, a parfaitement défendu la cause de l'Inde en faisant observer laconiquement que pareilles opinions lui « donnaient envie de vomir ».

Et si les statistiques possèdent quelque magie, en voici quelques-unes pour contrer les prophéties les plus pessimistes. L'Inde compte parmi les dix pays les plus industrialisés du monde. Cinq millions de jeunes diplômés sortent de nos universités chaque année. Nous avons un programme spatial en avance sur ceux de plusieurs pays d'Europe. Mais, surtout, nous n'importons pas de nourriture.

Le revers de la médaille est que cela ne veut pas dire que nous soyons capables de nourrir tous nos citoyens. De même, la forte augmentation du nombre de nos diplômés n'a pas été accompagnée d'un nombre équivalent d'emplois. Savoir lancer des satellites dans l'espace ne suffit pas à cacher nos carences en matière d'irrigation et d'électrification.

Il n'échappera pas au moins observateur de nos visiteurs que la diversité de notre passé est plus que rattrapée par l'immense complexité de notre présent, ni que nos problèmes actuels sont infiniment plus compliqués que les solutions simplistes proposées par nos dirigeants ou par des experts étrangers. Le mahatma Gandhi, resté pour beaucoup d'Indiens le père de la nation, a dit un jour qu'aucune réponse à nos problèmes ne saurait être valable plus de dix ans.

Ma foi, notre indépendance a cinq fois cet âge, et nous jouissons toujours des privilèges de la liberté : bulletin de vote secret, presse et système judiciaire indépendants.

Nous avons su éviter de brûler notre passé sous le prétexte spécieux que cela nous donnerait un avenir. Nous n'avons pas cédé à la tentation d'une sauvagerie généralisée sous le prétexte également spécieux que seule la cruauté envers les générations actuelles assurerait l'Utopie pour les suivantes.

Et pourtant l'Inde progresse, véritable mastodonte fait de réalités contradictoires.

Avons-nous eu de la chance ? Ou même de la grandeur ? Bien malin qui pourra le dire, et ce ne sera certainement pas un Indien. Car les Indiens haussent les épaules en lâchant : « *Yeh Bharat haï*, c'est ça, l'Inde. »

Deuxième partie

CHAPITRE 4

Halte à la pauvreté

« Vous avez sûrement vu les gens qui fouillent cet immense tas d'ordures dans les faubourgs de Delhi ? me demande le nabab de la presse.

— Les mendiants qui cherchent de la nourriture ? Bien sûr que je les ai vus. »

Mais je ne m'étais pas attardée. Je les avais aperçus et m'étais détournée aussi vite, me couvrant le nez bien que les vitres de la voiture fussent fermées, et les talus bordant l'autoroute plantés de bougainvillées de façon à cacher les deux hectares et demi d'immondices nauséabondes que survolaient des vautours.

« Ce ne sont pas des mendiants, me corrigea le nabab, mais des chiffonniers… Ils alimentent l'industrie du papier en matière première. »

Je fus choquée. « Vous voulez dire que ces gens qui travaillent dans des conditions inhumaines font partie de votre personnel ? Vous les embauchez et vous permettez qu'ils vivent comme ça ?

— Bien sûr que non, bon Dieu, je ne les ai pas embauchés ! me répondit-il, irrité. Ils ramassent les chiffons et les vendent à un entrepreneur, mon fournisseur. Pour parler plus élégamment, disons que ce sont des travailleurs indépendants. »

47

Ma foi, il y aurait fort à dire sur les origines honteuses du capitalisme.

« D'ailleurs, ceci n'est qu'un prolongement du travail qu'ils ont toujours fait, m'expliqua gentiment le nabab. Ils font tous partie de la caste des intouchables. Ce sont les éboueurs de la ville. »

Intriguée par ces gens si manifestement maîtres de leur destin, je descendis de voiture et m'approchai des minuscules silhouettes qui s'affairaient au milieu de ce paysage grisâtre.

Le mouchoir qui me couvrait le visage ne m'empêchait guère de m'enfoncer dans le sol fétide qui se dérobait sous mes pieds. Comment n'avais-je pas prévu que ce tas d'ordures serait mouvant ? Que je disparaîtrais au milieu des exhalaisons dégagées par les décès, les mariages, les copies d'examen, les déchets hospitaliers d'une mégalopole de neuf millions d'habitants ?

Au-delà de la décharge coulait une rivière sacrée, la Jumna. Sur la rive opposée j'apercevais les remparts de pierre du fort Rouge où autrefois les empereurs moghols, langoureusement installés dans leurs pavillons de marbre, jouissaient de la brise vespérale tandis que leurs sujets se promenaient au bord de l'eau. L'un d'eux s'était même rendu célèbre en soupirant : « S'il existe un paradis sur terre, il est ici... Il est ici. »

Aujourd'hui, à gauche de la forteresse, une centrale électrique crachait une fumée noire qui se répandait comme une flanelle sale sur la décharge. Enfonçant jusqu'aux genoux dans ces déchets fangeux, n'osant pas regarder ce qui me collait aux jambes, je m'avançai péniblement vers une femme maigre qui portait une jupe paysanne courte et une veste déchirée. Elle paraissait la quarantaine mais pouvait aussi bien n'avoir guère plus de vingt ans. Elle tenait à la main une longue tige de fer terminée en crochet, qu'elle plongeait dans les détritus. Plus loin, d'autres fouilleurs récupéraient des morceaux de fer rouillé ou des chiffons maculés. Des enfants, dont la tête émergeait à peine des ordures, travaillaient à leurs côtés.

Quand je la saluai, la femme épuisée me scruta d'un air soupçonneux. Elle craignait que je ne fusse un inspecteur du travail, ou encore une bonne âme venue lui enlever ses enfants, dont les maigres revenus contribuaient à la survie de la famille. Apparemment rassurée de ne trouver en moi qu'une simple curieuse, elle s'appuya sur sa tige avec lassitude et se mit à bavarder.

D'où venait-elle?

Du Rajputana. Elle avait employé l'ancien nom de la Terre des Rois.

Avait-elle toujours fait ce genre de travail?

Bien sûr que non. Elle n'avait émigré à la ville qu'au bout de sept années de sécheresse, qui avaient forcé son mari à vendre leurs terres à un usurier. Elle était une Bhoomiya.

Je la regardai, surprise. Les Bhoomiyas étaient des guides. Par tradition, ils conduisaient les voyageurs à travers les déserts et les jungles du Rajputana, car ils connaissaient toutes les sources, toutes les plantes comestibles, tous les sanctuaires religieux. Ils étaient payés en terre arable que leur famille cultivait tandis qu'ils menaient les gens de passage sans encombre jusqu'à leur prochaine étape. Ils étaient devenus inutiles le jour où s'étaient développés trains, autocars et téléphone.

Curieux de ma présence, les autres chiffonniers nous entouraient d'un air méfiant. Ils se joignirent bientôt à la conversation. Un petit garçon fut poussé en avant par sa mère.

C'est un Bhat, m'expliquèrent les autres. Les Bhats sont une communauté de bardes qui, autrefois, possédaient un pouvoir mythique sur les rois. Ils avaient la prérogative de réciter les généalogies des familles royales et de chanter les exploits guerriers et les actes d'honneur dans des poèmes épiques qui seraient ensuite répétés dans toute la région.

« Dans le temps, nous ouvrions les couronnements des rois en récitant les épopées, dit la femme, qui donna une petite tape affectueuse sur la tête du garçon. Et maintenant, voyez quel sort connaît mon enfant. Nous lui enseignons les poèmes historiques, sinon ils tomberont dans l'oubli. Et, tout en ramassant ses détritus, il les déclame très fort pour effrayer les vautours. »

Je pensai à la remarque du nabab, qui m'avait dit en passant que ces gens étaient des éboueurs de la ville ayant choisi de devenir trieurs d'ordures. Mais, debout dans les déchets mouvants de la capitale indienne, je n'entendais plus que des histoires de déplacements de population.

Par exemple, cette femme venue d'un village de pêcheurs de l'Est : une forte pluie de mousson avait grossi la rivière, qui était sortie de son lit et avait inondé le village. Tout en cassant des cailloux pour paver les routes, elle et son mari avaient parcouru les mille cinq cents kilomètres séparant Delhi du delta luxuriant où ils étaient nés.

Deux fillettes me racontèrent qu'elles venaient d'une tribu du Centre. Les jungles touffues qui avaient autrefois fait vivre leur communauté avaient été détruites par des marchands de bois, puis par des exploitants de carrières. Les deux petites avaient été vendues par leurs parents à un homme cherchant de la main-d'œuvre bon marché pour les chantiers de construction de Delhi. Une fois les chantiers terminés, il les avait abandonnées à leur sort ; elles ne savaient pas comment retrouver leurs parents, qui s'étaient eux-mêmes vendus en servage pour dettes.

Une autre fillette du Sud m'expliqua timidement que son père était artisan. Après trois mauvaises moussons de suite, les villageois avaient cessé de lui acheter ses sculptures sur bois. Pour nourrir sa famille, il en avait été réduit à vendre ses outils, un à un, jusqu'au dernier. La famille était partie mendier du travail de village en village. Ils s'étaient arrêtés ici, où son père était tailleur de pierre.

«Vous ne voyez pas qu'il n'y a pas d'hommes ici? demanda la femme. Pendant que nous trions les saletés des autres, nos maris cassent des cailloux pour construire la nouvelle route. Voici ce que nous sommes devenus en cinq ans.

— Que s'est-il passé il y a cinq ans?

— Vous n'avez pas entendu parler du programme Halte à la pauvreté?»

Bien sûr que si, comme tout le monde; cela datait du temps où Mme Indira Gandhi était Premier ministre.

Pendant toutes les années soixante-dix, nous avions eu sous les yeux le message Halte à la pauvreté placardé sur d'immenses banderoles, sur des panneaux publicitaires, des affiches, ou sous forme de graffitis étalés sur tous les murs. Comment aurais-je pu l'ignorer? Mais comment cette campagne avait-elle amené ces gens à devenir ce qu'ils étaient devenus?

«Les hommes politiques ont dit qu'ils allaient éradiquer la pauvreté et nous donner du travail, alors nous avons voté pour eux. Mais quand nous nous sommes présentés à Delhi, ils ont refusé de nous recevoir. Nous arrivions à nous nourrir grâce aux chantiers. Nous transportions les briques et préparions le ciment tout en vivant dans des bidonvilles. Ensuite, les patrons ont décidé que Delhi devait être belle à voir. De Halte à la pauvreté, leur slogan est devenu Halte aux pauvres.»

Elles rirent en se montrant mutuellement du doigt. «Les pauvres ne sont pas beaux à voir, comme vous pouvez le constater. Pendant que nous étions au travail, des bulldozers sont venus raser nos abris; tout ce que nous possédions a été emporté. On nous a entassés dans des autocars et emmenés à cinquante kilomètres de la ville, où il n'y a pas de travail, pas d'eau, rien à manger, rien pour protéger nos enfants des intempéries. Voilà comment nous en sommes arrivés là. Mais nous n'avons pas le ventre vide. Grâce à lui.

— A qui ? »

Elles me désignèrent un point de l'autre côté de l'autoroute. « L'entrepreneur. »

Derrière un haut talus couvert de bougainvillées pourpres, se dressait une sorte de tente — deux morceaux de toile tendus sur des piquets et jetant un peu d'ombre sur un lit fait d'une vieille porte en bois et d'un couvre-lit de coton usé jusqu'à la corde. Je me frayai un chemin le long des tas d'ordures et des grands joncs qui les bordaient élégamment. Cette note pastorale était rehaussée par les petits cris que poussait une nichée de chiots blottis dans un paquet de chiffons pour se tenir chaud. Comme j'approchais, je vis comment était constituée la décharge : un tas pour le plastique et le polyéthylène, un autre pour les chiffons, un troisième pour le verre et un quatrième pour les morceaux de ferraille rouillés et tordus.

L'entrepreneur m'invita à entrer sous son abri où un transistor braillait de la musique de films populaires si fort que cela couvrait le bruit de la circulation. La chance avait souri à cet homme vif, qui s'était échappé d'un camp de travail au Bihar. Les deux cent cinquante mille autres Indiens forcés à travailler sans salaire pour rembourser leurs dettes n'avaient pas connu son heureux sort.

L'entrepreneur, lui, avait réussi à se dégager des griffes d'un usurier qui lui réclamait le paiement d'un prêt. Ce prêt avait été contracté par son grand-père, et son père et lui-même l'avaient déjà remboursé plusieurs fois en intérêts si monstrueux qu'ils interdisaient tout espoir de jamais pouvoir s'en dégager.

Il possédait même sa propre maison, au numéro 357 d'un camp de relogement, une simple hutte de pisé qu'il avait baptisée son «appartement», de même qu'il appelait fièrement son petit abri son «bureau».

«Je sais bien que j'exploite la misère des gens, me dit-il d'un air piteux. Mais la misère est ma Laksmi, ma déesse de la richesse. Si je ne reste pas ici, sur place, les chiffonniers ne peuvent pas m'apporter la marchandise parce qu'ils dépensent déjà un tiers de leurs gains journaliers en ticket de bus. Voilà le résultat du grand programme Halte à la pauvreté. Les pauvres bougres, il faut dire qu'ils n'ont pas eu de chance. Mais j'ai trop de débiteurs. Beaucoup ne pourront jamais me rembourser, et alors moi aussi je devrai retourner fouiller les tas d'immondices.»

Bien que devenu usurier lui-même, cet homme vivait dans la terreur de retourner sur la décharge. Il avait construit son bureau sans autorisation : à tout moment les bulldozers pouvaient pointer à l'horizon.

Au-delà des détritus du monde urbain, s'étendaient des champs de blé encore tendre, d'un vert rappelant le gazon anglais. J'apercevais des femmes voilées en longues jupes de couleurs vives, qui s'avançaient vers un puits, un pot de bronze posé en équilibre sur la tête. De pittoresques paysans enturbannés conduisaient leurs bœufs ou empilaient du foin sur de hauts chariots en bois. La sérénité de ce paysage rural constituait un véritable tour de passe-passe, par lequel l'Inde savait rendre même la pauvreté acceptable. Mais à la vérité, au moindre revers de fortune, ces paysans folkloriques pouvaient aller rejoindre les visiteurs sans visage qui, de l'autre côté de la route, essayaient de grappiller de quoi vivre sur une décharge fumante et grise.

Combien de vies humaines brisées abritait cet endroit ? J'ai posé la question à un médecin qui travaillait dans le bidonville.

Au début, il a essayé de me donner la réponse officielle : les chiffonniers apportaient une précieuse contribution à l'industrie du recyclage. Devant mon insistance, il a fini par admettre : «Déjà qu'à Delhi nous n'avons aucun moyen de recenser les personnes faisant ce travail, ne parlons pas du reste du pays. Sont-ils des centaines? Des milliers? Personne ne le sait. D'ailleurs, personne n'a jamais voulu le savoir. C'est une population errante et anonyme. Mais reconnaissons-leur au moins ceci : ils travaillent. Ils ne mendient pas.»

Interrogé sur le même sujet, un fonctionnaire sanitaire des services municipaux de Delhi m'a répondu plus franchement. «Ah, merveilleux Indiens que nous sommes! C'est devenu notre seconde nature de tolérer ce que d'autres considèrent comme indigne d'un homme, du moment que cela ne nous touche pas. Si on leur proposait des emplois, ces gens-là ne seraient pas obligés de fouiller les poubelles pour vivre. Mais tout ce que le gouvernement sait dispenser à la population, ce sont des slogans. Et il n'hésite pas à y engloutir des fortunes.»

Puis il a ajouté : «Imaginez qu'on dépense tout cet argent pour créer des emplois décents.»

CHAPITRE 5

Halte à la charité

« Quand vas-tu être payée ? me demanda un jour une amie, en ajoutant d'un air sévère : N'oublie surtout pas de me donner l'argent.

— Et en quel honneur ? demandai-je en regardant ses bijoux de manière éloquente.

— Nous essayons de faire sortir des femmes du servage pour dettes. »

Son franc-parler ne me surprit pas vraiment. Je savais que, dans la ville industrielle d'Ahmedabad, elle avait travaillé avec des femmes qui gagnaient leur vie dans des conditions guère plus enviables que celles du tas d'immondices de Delhi.

A une exception près : ces femmes possédaient leur propre banque.

Au début des années cinquante, plusieurs années avant que le féminisme devienne un mot d'ordre en Occident, les femmes les plus pauvres d'Ahmedabad avaient mis en commun les maigres revenus qu'elles gagnaient en triant les décharges, tirant des charrettes à bras, vendant des chiffons, cassant des cailloux, transportant des briques sur leur tête dans des paniers d'osier, pour fonder leur propre banque coopérative sous le nom de Self-Employed Women's Association (SEWA), ou Association des travailleuses indépendantes.

Grâce à cette banque, elles pouvaient emprunter pour investir dans une machine à coudre par exemple, qui leur permettait de confectionner des vêtements qu'elles vendaient ensuite. Dès qu'un groupe de femmes avait récupéré sa mise de fonds initiale, d'autres femmes bénéficiaient à leur tour d'un prêt pour démarrer une industrie artisanale qui assurerait leur avenir économique. Certains membres contractaient un emprunt pour suivre une formation et pouvoir après ouvrir de petits commerces. D'autres gardaient leur métier, mais n'étaient plus les otages d'usuriers prompts à détourner leur désespoir à leur profit. La banque faisait écran entre elles et ce genre d'exploitation.

Ce n'est pas par hasard que la SEWA avait vu le jour à Ahmedabad, capitale de l'État oriental du Gujerat, où le dynamisme commerçant de la Compagnie des Indes britannique se mêlait au savoir-faire des prudents marchands du cru pour faire de la ville non seulement le centre du négoce textile, mais encore un creuset d'activité syndicale. Dès le début du siècle, les ouvriers de ses nombreuses filatures avaient formé l'Association des ouvriers du textile, l'un des syndicats les plus anciens et les mieux organisés de l'Inde, avec la bénédiction du mahatma Gandhi dont l'ashram était situé dans les faubourgs de la ville. C'est peut-être la proximité de Gandhi qui avait poussé la fille d'un riche magnat du textile à syndiquer les ouvriers de son père. En effet, ceux-ci travaillaient dans des conditions si épouvantables que tout l'argent de la semaine passait dans l'alcool frelaté qu'ils achetaient à des étals installés devant l'usine les jours de paye. Quand ils rentraient chez eux, soûls, ils battaient leur femme parce qu'elle avait osé leur réclamer de quoi nourrir les enfants.

Si rares étaient les femmes employées dans les secteurs organisés de l'industrie indienne qu'elles ne pouvaient pas travailler dans les nombreuses usines de la ville pour élever leurs enfants elles-mêmes. Aujourd'hui encore, moins de quatre pour cent des ouvriers syndiqués sont des femmes ; ce nombre diminue encore car la compétition est sévère, et les hommes les écartent de force des quelques emplois protégés dont rêvent les millions de « travailleurs intermittents » gagnant tout juste de quoi survivre. La plupart des femmes, et souvent leurs enfants, forment l'immense masse des ouvriers des secteurs non réglementés. Chassés de chez eux par la sécheresse et les dettes, ils deviennent la proie de toutes les exploitations dès qu'ils quittent le monde rural pour chercher du travail en ville.

C'est à cette vaste marée de pauvres que s'intéresse un nombre croissant d'organisations de bénévoles souvent dirigées par des femmes. A Ahmedabad, les épouses désespérées, prêtes à sombrer dans la prostitution pour nourrir leur famille, se sont syndiquées en suivant les exhortations d'une jeune femme des classes moyennes, Elaben Bhatt. Depuis sa création en 1952, la SEWA peut se vanter d'avoir ouvert vingt-cinq mille comptes-épargne, au nom de ses trente mille adhérentes.

Sewa veut dire « service » en hindi. Aujourd'hui, la banque a ouvert des succursales partout en Inde. Dans le Nord, elle a permis aux femmes séquestrées des familles musulmanes orthodoxes de monter des ateliers de broderie, qui leur rapportent de quoi nourrir leurs enfants et mettre un peu d'argent de côté au cas où elles seraient un jour répudiées sur un simple « *Talak* » de leur mari. Dans le Sud, elle a aidé des femmes hindoues des basses castes à sortir de l'analphabétisme et à monter de petits réseaux de vente de leur artisanat. Des montagnes de l'Est jusqu'aux déserts de l'Ouest, elle a encouragé le travail individuel et l'indépendance économique chez les femmes. Ses membres ont créé leurs propres crèches, écoles et dispensaires médicaux, échangé leurs expériences de sages-femmes et leurs connaissances en matière d'hygiène ou de soins aux enfants. Aujourd'hui, l'Association, largement imitée en Inde, est montrée en exemple dans le monde entier, dans l'espoir que les autres nations pauvres sauront elles aussi encourager l'effort individuel.

S'appuyant sur son modèle, six femmes de Delhi travaillant dans différents secteurs de l'artisanat ont décidé de mettre leur expérience en commun pour aider les artisans ; elles s'indignaient de ce que les techniques ayant fait la gloire des arts populaires indiens se soient peu à peu trouvées réduites au bric-à-brac inutilisable vendu sur les trottoirs de la ville par des intermédiaires ignorants et qui ne pensaient qu'à exploiter les marchés tant « ethniques » que touristiques. Bien que venant elles-mêmes de milieux favorisés, ces femmes baptisèrent leur association Dastkar — celui qui travaille de ses mains —, leur but étant d'employer à temps plein des artisans dont le métier était menacé par les produits manufacturés.

La Dastkar savait que, entre les jungles et les villes les plus cosmopolites, chaque population de la société indienne possédait ses traditions propres. Elle n'ignorait pas que l'artisanat, deuxième secteur économique du pays après l'agriculture, était doté d'un ministère chargé de veiller sur ses intérêts, le Handlooms and Handicrafts Board of India (Chambre des tissages et artisanats d'Inde). Après tout, avant la mécanisation, tous les objets étaient faits à la main ; les milliers d'univers qui se côtoient en Inde produisent un immense éventail de créations artisanales intégrant souvent des procédés très sophistiqués et faisant vivre un grand nombre de femmes. Mais aujourd'hui, ces pièces requérant beaucoup d'heures de travail sont concurrencées par la production de masse et les techniques commerciales élaborées, qui attirent non seulement les citadins mais aussi les villageois éblouis par les publicités qu'ils voient tous les jours sur leurs écrans de télévision.

Convaincue qu'aucun programme gouvernemental n'arriverait à faire acheter aux consommateurs des choses dont ils ne voulaient pas, la Dastkar se posa la question de savoir comment aider les artisans à survivre sur ce nouveau marché. La réponse évidente résidait dans une bonne maîtrise des techniques commerciales, dont les artisans des villages étaient totalement dépourvus.

Travaillant d'arrache-pied avec des groupes d'artisans, l'Association leur fait produire des objets adaptés au monde moderne ; elle leur enseigne la comptabilité, leur apprend à trouver des matières premières bon marché, accompagne en ville les artisans qui n'ont jamais quitté leur village, de façon à leur faire prendre conscience des demandes des consommateurs. Ainsi espère-t-elle développer des marchés modernes susceptibles de résister à la concurrence.

L'une de ses fondatrices était l'amie me réclamant mon argent.

« Mais qui sont ces femmes que tu prétends aider ? lui opposai-je, peu disposée à me départir de la somme que je réservais à un voyage dans le Sud.

— Des femmes des tribus et leurs gosses. Ils travaillent en servage dans un centre de tissage de la soie. Ils sont pratiquement enchaînés à leur métier. »

Mon voyage s'évapora en fumée.

Mue par une culpabilité passagère, je lui signai des traveller's cheques en m'excusant : « Ce n'est pas grand-chose. »

Elle prit l'argent et me fit observer d'un ton acerbe : « En Inde, on va loin avec des dollars. »

Quelques semaines plus tard, je retournai en Europe et n'entendis plus parler d'elle.

Je ne la revis qu'au bout de dix-huit mois, à un grand dîner donné à Delhi. Esquivant les ambassadeurs et autres hommes d'affaires qui discutaient de l'ouverture de l'économie indienne en se demandant si la libéralisation du marché pouvait faire du pays un deuxième tigre asiatique, je la rejoignis au buffet.

«Oh, je voulais t'écrire, me dit-elle d'un ton désinvolte. Mais j'ai été très occupée.»

Blessée, je me dis qu'elle aurait pu au moins me remercier du don que j'avais fait. Je n'avais pas compris que son association était trop attachée à développer l'autonomie pour perdre son temps en remerciements. J'ignorais que ces femmes géraient quarante unités réparties sur tout le pays, avec un capital de quinze mille dollars seulement.

Remarquant mon désarroi, elle se radoucit : «Grâce à ta contribution, nous avons pu affranchir environ cent soixante femmes et leurs familles.»

J'étais abasourdie : je ne lui avais donné que quelques centaines de dollars. «Cent soixante femmes? répétai-je.

— A combien crois-tu que se montait leur dette, à l'origine? me demanda-t-elle, agacée. Deux ou trois cents roupies, pas plus.»

Voilà donc quel était le prix d'une vie humaine en Inde. Par ailleurs, une étude sur le servage, menée par l'Ecole des sciences sociales, faisait apparaître crûment la valeur de l'argent. Dans un seul village du nord du pays, un fermier avait emprunté cinq cents roupies (environ quatre-vingts francs) pour pouvoir manger. Au bout de dix-sept ans, il n'avait toujours pas remboursé les intérêts de sa dette. Toujours pour se nourrir, un autre avait emprunté cent roupies et travaillait sans salaire depuis douze ans. Un troisième avait travaillé dix ans pour rembourser une boîte en bois à vingt roupies.

«Et que sont devenues ces femmes? demandai-je

tandis que mon amie examinait les plats disposés sur le buffet.

— Comme elles étaient bien décidées à livrer concurrence à leurs anciens maîtres, nous leur avons prêté de quoi investir dans leurs propres métiers à tisser. »

Pour comprendre un tel acte de courage, il faut imaginer la cruauté de ces hommes capables d'acheter d'autres femmes et de les nourrir le strict minimum nécessaire pour les maintenir — ainsi que leurs enfants — en état de travailler, pendant que leurs maris sont employés comme bêtes de somme autre part.

Mon amie planta sa fourchette dans une cuisse de poulet qu'elle déposa sur son assiette. « D'ailleurs, je reviens de Bombay où nous avons exposé leurs travaux.

— Vous avez trouvé des acheteurs ? m'enquis-je d'un ton paternaliste.

— Oh, ce n'était pas le but recherché ; elles voulaient simplement récolter d'autres commandes. Il ne reste plus rien à vendre. Tout ce qu'elles font est d'une qualité tellement exceptionnelle que les exportateurs se ruent dessus. »

Inconsciente de l'effet qu'elle venait de produire sur moi, elle mastiquait son poulet. « Et maintenant, leurs anciens esclavagistes proposent d'acheter leur production au double du prix des exportateurs.

— Elles gagnent de l'argent ? »

La bouche pleine, elle hocha la tête.

« Et qu'est-ce qu'elles en font ? » insistai-je.

Elle s'essuya la bouche. « Elles envoient leurs enfants dans des écoles privées. Elles sont persuadées que l'enseignement payant est meilleur que le public.

— Je peux leur faire un autre versement ? »

Elle parut irritée. « Certainement pas. Elles n'acceptent pas la charité. Il y a six mois, elles ont fini de rembourser ce que tu leur avais donné. Maintenant ce sont elles qui ont pris le relais, pour aider d'autres femmes. Et elles arrivent à être presque aussi généreuses que toi. »

Deux hommes se frayèrent un chemin jusqu'au buffet tout en se plaignant de l'économie du pays.

«Nous sommes pris dans un cercle vicieux de pauvreté, dit l'un en se servant.

— Notre revenu fiscal ne suffira jamais aux besoins de la population, acquiesça l'autre. La situation est irrémédiable. »

Mon amie s'était déjà détournée, sinon elle aurait pu leur dire qu'ils se trompaient. Ne venait-elle pas de me raconter comment cent soixante femmes s'étaient libérées de l'esclavage pour se reconvertir dans la philanthropie — à moins que ce ne fût le secteur bancaire — en l'espace d'une année ? Et, contrairement à nous, elles ne savaient même pas ce que signifiaient ces mots-là.

CHAPITRE 6

Réinventer la roue

Le rouet qui orne le centre de notre drapeau est une manière de reconnaître qu'en Inde le textile est resté un art vivant capable de produire des chefs-d'œuvre aussi beaux que par le passé. Mais il éclaire aussi le grand débat sur l'influence qu'exercera le travailleur traditionnel sur notre avenir.

Deux contes mythologiques illustrent le rôle du tisserand dans notre pays. Le premier raconte comment la déesse mère du sous-continent se métamorphosa un jour en une araignée cosmique qui se mit à filer une toile de coton. La toile devint si grande qu'elle finit par recouvrir tout le pays. Mais la déesse continua de filer, l'étendant au-delà de l'Himalaya, y prenant au piège le dieu des Aryens — dieu du progrès et des métiers mécaniques — qu'elle amena en Inde.

Le mythe de la déesse araignée et du dieu aryen des machines est une véritable vision prémonitoire du lien qui devait s'établir entre l'Europe et l'Inde. Car l'Europe, venue chercher des épices en Orient, s'est retrouvée en quelques décennies inextricablement prise dans la toile des textiles indiens. Bandana, chintz, mousseline, calicot, cachemire, tous ces mots désignent des lieux ou des techniques indiennes. Des riches tentures tissées de fils d'or et d'argent qui décoraient les maisons des aristocrates européens jusqu'aux bandanas portés par les esclaves travaillant les plantations de coton et de canne à sucre en Amérique, des mousselines raffinées ceignant la taille des gentilshommes d'Afrique du Nord aux chintz tapissant les intérieurs des Anglaises habillées de calicot, en passant par les turbans des nobles du Levant turc, ces merveilles créées par les mains du tisserand indien avaient permis d'asseoir des fortunes si fabuleuses que les nations européennes se battirent pour s'assurer la mainmise sur nos étoffes.

Lorsque la Grande-Bretagne finit par émerger gagnante, la richesse générée par le négoce des textiles fit d'une simple compagnie marchande le plus grand empire mondial. Et, à son tour, celui-ci importa chez nous ces dieux du progrès que furent les machines de la révolution industrielle.

Le second mythe est extrait d'un poème épique, le *Mahabharata*. Une belle et vertueuse reine est cédée à un méchant roi pour honorer une dette de jeu contractée par son mari. La captive est amenée à la chambre d'audience du roi qui siège sur son trône, entouré de ses nobles et de ses soldats. Celui-ci exige que sa prisonnière soit dépouillée de ses vêtements sous l'œil concupiscent de l'assemblée. Les gardes hilares empoignent les habits de la reine et se mettent à les lui arracher. Pleurant des larmes de pudeur, celle-ci supplie les dieux de protéger son honneur. Et voilà que plus les gardes la déshabillent, plus l'étoffe se multiplie. Les vêtements de la reine se reproduisent sans fin. Des monceaux de tissu s'empilent, cachant les piliers, montant jusqu'aux voûtes de la salle du trône, atteignant la coupole sous laquelle est assis le roi.

Certes, les reines prisonnières appartiennent à la mythologie. Mais, plongés au cœur des dures réalités politiques de notre siècle, les nationalistes indiens se sont tournés eux aussi vers le tissu — qu'ils baptisèrent la

« livrée de notre liberté » — pour défendre l'honneur de leur pays.

Le coton brut exporté vers les filatures de Manchester et de Lancaster avait privé les tisserands indiens de leur source de revenus ; les nationalistes choisirent donc de s'habiller d'une toile filée et tissée à la main, lançant ainsi un véritable défi aux métiers mécaniques de l'Empire britannique. Plus tard, cet uniforme deviendrait un symbole de l'indépendance de l'Inde.

Ironie de l'histoire, les premières usines laissées entre nos mains par les colons britanniques furent les filatures. Au cours des décennies suivantes, les capitaux et la technologie qu'elles permirent de développer conduisirent à une telle expansion industrielle qu'aujourd'hui l'Inde compte parmi les dix nations les plus industrialisées du monde.

L'Inde actuelle est tiraillée par ce paradoxe particulier : artisanat contre mécanisation, culture traditionnelle contre progrès. Un vaste courant de pensée voit dans le rouet du drapeau la preuve que notre pays est arriéré. Les symboles autrefois utiles pour expulser un empire étranger qui nous exploitait sont devenus de dangereux anachronismes dans un pays où la richesse ne peut provenir que d'une mécanisation accrue et efficace.

Mais argumenter ainsi, c'est oublier que dix-huit millions d'Indiens vivent de leur métier à tisser et cinq millions de leur artisanat si typique. Comment pourraient-ils continuer d'exister dans un monde soumis aux pressions de l'économie et des styles de vie modernes ? Si l'on ferme ce secteur d'emploi, l'Inde peut-elle espérer accueillir ces vingt-trois millions d'ouvriers supplémentaires dans ses usines ?

Peut-être, une fois de plus, la mythologie pourra-t-elle répondre à ces questions. En effet, le mythe de la déesse araignée connaît un dénouement heureux. Ayant capturé le dieu étranger de la mécanisation dans sa toile, la déesse fileuse devient mère, épouse et fille du progrès.

Comme elle, les tisserands ont été la mère de l'industrie indienne, l'épouse du nationalisme. Parions qu'ils arriveront à se faire héritiers du progrès. Ils s'en sont montrés capables dans le passé. Les développements scientifiques ayant porté le coup de grâce à notre culture ont constamment consolidé notre industrie textile. Les teintures imprégnant les fragments de tissus trouvés sur nos plus anciens vestiges archéologiques, ceux de la civilisation de la vallée de l'Indus, sont celles du spectre coloré qui définit notre pays : ocre, rouge, noir et le légendaire indigo. Ces couleurs originelles étaient obtenues par extraction de pigments végétaux. Cinq mille ans plus tard, l'équivalent chimique de cette palette a permis l'essor de notre industrie pharmaceutique.

Quant à la mécanisation, les tisserands indiens en ont déjà intégré certains procédés. Mais les machines sont incapables de reproduire un monde en pleine évolution ; si le tissage garde une longueur d'avance sur la civilisation, c'est parce que le génie des tisserands s'est montré suffisamment vaste pour en embrasser toute la complexité.

On retrouve dans les étoffes habillant nos mariés la même technique que celle des riches brocarts portés par les empereurs de Chine et de Byzance. Les mousselines dont nous nous drapons dans la chaleur torride de l'été découlent du même savoir-faire que les « zéphyrs tissés » des empereurs romains ou que les voiles précieux enveloppant le corps du Bouddha recevant l'Eveil, et auxquels les empereurs moghols avaient donné des noms tels que « rosée du matin » ou « étoffe d'eau vive ». Grâce à la même excellence dont naissaient les somptueux tissus d'autrefois, les mariées d'aujourd'hui peuvent conserver leurs trousseaux brodés d'or. En cas de nécessité, elles brûleront le tissu et revendront l'or.

De nos jours encore, les textiles peints exempts de tout défaut de tissage sont exposés pour les fêtes dans les temples indiens, où ils sont considérés comme des actes de dévotion de la part des maîtres tisserands. Les tisserands-brodeurs musulmans du nord de l'Inde, qui intègrent les quatre-vingt-dix-neuf noms d'Allah à leurs ouvrages, ne voient aucune contradiction dans le fait de fabriquer des vêtements sacerdotaux pour le pape, car, pour eux, chaque pièce est une forme de prière.

Les vagues de migrants déplacés par l'industrialisation disent leur mal du pays dans leurs tissages ; ce que leurs clients leur achètent, ce sont de véritables poèmes épiques relatant ces déplacements. Les tisserands des tribus nomades racontent leurs pérégrinations dans leurs tapisseries, qui deviennent des mines de renseignements précieux pour l'anthropologue.

La connaissance des couleurs et des cultures propres à chaque région et à chaque peuple de l'Inde — jaunes des sources ou des récoltes de blé et de moutarde dans le Nord, blancs et ivoires des étés du Sud, verts des saisons du désir et des rizières dans l'Est, vieux roses et bleus de l'Islam, nuances d'indigo évoquant la fureur de la mousson et les jeux champêtres de Krishna, gamme de rouges illustrant l'inconstance des amants, argents, ors et vermeils royaux — voilà la matière première que travaillent les tisserands indiens. La prolifération des motifs renforçant la signification des couleurs et des textures — voilà dans quelle province culturelle ils évoluent.

Le paradoxe est le suivant : si la production de masse à l'échelle mondiale peut sembler résoudre le problème de la pauvreté, seule une culture vivante est capable de créer de la richesse à long terme. Et si vingt-trois millions d'artisans dépendent de la culture indienne pour vivre, la culture indienne ne pourra subsister qu'en leur rapportant de quoi vivre.

Sans nos artisans, rien ne nous différencierait des

autres pays car nos multiplicités exceptionnelles seraient limitées par la machine. En effet, les machines ne peuvent que reproduire une culture, elles sont incapables d'en inventer une. Jamais on ne les fabriquera assez vite pour imiter toutes les étoffes nées de la connaissance encyclopédique et des créations illimitées de nos dix-huit millions de tisserands.

CHAPITRE 7

De quoi nourrir la réflexion

En 1973, j'ai pu observer par quel enchaînement de causes on provoque une famine. Les pluies de mousson — synonymes de vie ou de mort dans l'Inde rurale — ayant fait défaut trois années de suite, la sécheresse ravageait l'Etat de Maharashtra. Au bout de trois ans sans récoltes, le bétail était affamé, les puits des villages asséchés et les enfants mouraient de faim.

Les villes étaient privées d'électricité et d'eau courante, et le niveau des citernes si bas qu'à mon arrivée à Aurangabad, une ville de deux millions d'âmes, il ne restait que deux jours d'eau potable. Je trouvai les habitants prêts à aller gonfler l'exode qui encombrait déjà les routes de Bombay, la capitale de l'Etat, où une personne sur sept vivait dans la rue.

Le gouvernement avait mobilisé l'armée pour essayer d'enrayer cet exode. Des greniers américains surabondants, arrivaient des vivres que l'on acheminait par avion jusqu'aux villages les plus reculés. Sur des kilomètres, des chars à bœufs chargés de bidons de kérosène pleins d'eau potable croisaient les colonnes de réfugiés. Un patron du textile avait ouvert plusieurs cantines où il faisait servir un repas de sa composition, qui assurait un apport de calories et de protéines suffisant pour alimenter une personne pendant vingt-quatre heures. Les villageois affamés faisaient la queue devant, tandis que la radio gouvernementale tempêtait contre leur obstination à refuser les céréales américaines auxquelles leur palais n'était pas habitué.

Avec l'un des plus célèbres caricaturistes politiques de l'Inde, j'accompagnai un préfet jusqu'à un village situé à l'épicentre de la sécheresse.

J'y trouvai, assises sur le sol craquelé devant leurs huttes, des femmes émaciées vannant du blé entassé près d'elles. Indifférentes aux pleurs de leurs enfants, elles secouaient leurs vans avec fureur, sur le rythme quasi hypnotique des mariachis, et s'arrêtaient toutes les cinq ou six secondes pour en sortir une graine qu'elles mettaient de côté.

Un char à bœufs vint s'arrêter à l'orée du village. Les enfants cessèrent de pleurer et s'agglutinèrent autour, tendant des coupes d'argile ou simplement leurs mains nues pour recueillir les gouttes d'eau qui, en éclaboussant le sol, soulevaient des nuages de poussière brune. Les femmes leur crièrent de remplir les jarres en terre entreposées près des huttes pour que leurs pères trouvent à boire en rentrant.

N'apercevant aucun homme dans le village, je leur demandai où étaient leurs maris.

« Ils creusent un canal d'irrigation.

— En pleine sécheresse ?

— Pour la prochaine pluie, si ça vient jamais. Travaillez pour nous et vous aurez de quoi manger, nous disent les fonctionnaires. Quand nos hommes ouvrent des routes ou des canaux, ils sont payés en nourriture. »

Elles secouèrent leurs tamis avec colère. « En nourriture empoisonnée. »

L'humoriste croquait le fermier enturbanné de blanc, qui tirait le bœuf par les cornes pour le faire remonter sur la route. Les enfants abandonnèrent le char pour venir regarder par-dessus son épaule les croquis qui s'ébauchaient sur la feuille blanche.

« Prends-moi en photo ! criaient-ils en se bousculant pour s'approcher de l'artiste, heureux d'étaler leurs connaissances techniques.

— Moi aussi !

— Moi aussi ! »

Tandis qu'il s'exécutait patiemment, j'observais les femmes et leurs gestes monotones ; elles sélectionnaient quelques graines qu'elles plaçaient soigneusement dans des boîtes à part.

Je ne comprenais pas ce qui les obligeait à préparer leur blé avec tant de minutie alors que leurs enfants avaient faim. « Pourquoi ne le faites-vous pas cuire tel quel ?

— Nous n'avons pas envie de mourir, me répondirent-elles avec lassitude.

— Regardez ! » Une femme me mit sous les yeux une poignée de graines triées. « Il est plein de datura, ce blé. »

Sans danger pour les animaux, toxique pour l'homme, la céréale généreusement distribuée par les Etats-Unis était de la nourriture à bestiaux.

Mais, quand on meurt de faim, tout est bon à prendre.

Pour ma part, j'avais plus que je ne pourrais jamais consommer. De quoi nourrir dix familles à chaque repas et soûler dix hommes pendant une semaine. Un avion privé qui m'emmenait aux quatre coins de l'Etat. Des voitures qui me déposaient partout où la sécheresse avait frappé le plus durement : je travaillais pour la télévision britannique. Le caricaturiste partageait mes privilèges : il travaillait pour un journal britannique. Employés par des étrangers, nous avions le statut d'étrangers et jouissions de tous les luxes que le tiers monde déploie pour tenter de séduire les pays développés et attirer leur attention sur ses problèmes.

71

Cette attitude a coûté très cher aux pays en voie de développement.

Dans les années trente, un journaliste européen avait demandé un jour au mahatma Gandhi : «Comment puis-je arriver à comprendre l'Inde ?
— Etudiez ses villages», lui avait répondu Gandhi. L'évidence même : les trois quarts des Indiens sont des villageois.

Mais, voyant que l'Occident s'était enrichi par l'industrialisation, le Premier ministre Nehru et ses conseillers décidèrent dans les années cinquante d'adopter un plan audacieux qui devait tirer l'Inde de son économie de chars à bœufs et la propulser dans l'ère mécanisée du XXe siècle. Puisque l'Amérique mettait en chantier des projets hydroélectriques gigantesques tels que les barrages Boulder et Cooley, nous aussi allions construire des barrages pharaoniques pour alimenter notre rêve de mécanisation. Puisque les plans quinquennaux et l'industrie étatisée étaient les recettes magiques de la Chine et de la Russie, nous aussi allions canaliser nos ressources vers des industries lourdes nationalisées pour créer des emplois. Si tous les ans nous importions de la nourriture pour éviter la famine, c'est que c'était le prix à payer par tout pays pauvre voulant s'engager dans le progrès. Après tout, nous avions toujours connu des famines.

Il fallut l'arrivée d'un nouveau Premier ministre, Shastri, pour nous ouvrir les yeux : notre obsession pour l'économie administrée nous saignait à blanc. Plus que d'usines, les Indiens avaient besoin de nourriture. Peut-être les fortunes que nous dépensions à en importer auraient-elles été mieux employées à des aides à l'agriculture. Avec la vaste étendue du bassin indo-gangétique, ne possédions-nous pas la plaine alluviale la plus extensivement cultivée du monde ? Plus au sud, nous avions le sol volcanique fertile du grand plateau du Deccan. En fait, notre pays comptait autant de terre arable que la

Chine, pour un plus petit nombre d'habitants. Même aujourd'hui, notre densité de population dépasse de peu celle de l'Allemagne et reste très inférieure à celle du Japon. Le constatant, l'American Overseas Development Council (Conseil américain de la coopération) a reconnu que «l'Inde possède une capacité de production agricole très proche de celle des Etats-Unis».

Shastri choisit un moment propice pour recentrer les préoccupations de l'Inde sur l'agriculture. Dans les années soixante, les savants du monde entier avaient réussi une véritable percée en matière de cultures vivrières, en développant des hybrides à haut rendement pour le blé et le riz, les deux nourritures de base des Indiens.

A l'époque, tout le monde s'accordait à dire qu'il faudrait des années pour vaincre la suspicion et la prudence de nos fermiers rétrogrades et les persuader d'employer ces nouvelles variétés. Au lieu de cela, on put lire partout dans les journaux des histoires de paysans sikhs entrant par effraction en pleine nuit dans les laboratoires de recherche du Pendjab pour voler les semences miraculeuses et les planter avant les pluies. Dans le Sud, les savants se plaignaient de manquer de souches pour leurs expériences, leurs échantillons de riz ayant mystérieusement disparu.

C'était le début de la Révolution verte.

Les années suivantes, les moussons restèrent imprévisibles, et nous souffrîmes de la pénurie d'eau. Mais moins de dix ans plus tard, nous n'importions plus de nourriture. Dix années de plus, et nous exportions des céréales. Et une décennie après encore, nous exportions un quart de nos produits agricoles. La Révolution verte avait à jamais changé notre pays.

Pourtant, des millions d'Indiens connaissaient toujours la faim, des millions de villageois dépossédés continuaient de migrer vers les villes. Nous dépensions des fortunes pour notre développement rural, mais laissions une bonne moitié de notre eau, notre plus précieuse ressource, se perdre chaque année. En effet, la déforestation et l'exploitation de mines et de carrières provoquaient des inondations et une évaporation qui privaient la moitié de nos villages d'eau potable.

Il fallait consentir un effort surhumain pour consolider nos acquis. Irrigation mieux conçue, protection du sol, éducation, aménagements sanitaires, voilà qui pourrait changer le visage de l'Inde rurale.

Sans oublier des réformes agraires efficaces. Car nous étions une jeune nation aux inégalités anciennes. Depuis toujours, des propriétaires absents héritaient de vastes propriétés mises en fermage, et qui leur rapportaient un tiers de la production tandis qu'un autre tiers allait à des intermédiaires souvent usuriers ; les métayers devaient en plus assumer toutes les autres dépenses, en vivant constamment sous la menace d'expulsion.

Mais nous étions aussi le pays de Gandhi et de Vinobha Bhave. Ce vieillard frêle avait été l'un des plus proches disciples du mahatma ; il avait parcouru toute l'Inde, incitant les propriétaires à céder des terres aux pauvres, montrant ainsi que seule la redistribution de la terre pouvait offrir aux millions de travailleurs agricoles et de métayers un rôle à jouer dans notre avenir.

D'ailleurs, dès 1951, le gouvernement de Nehru avait voté un décret limitant la propriété individuelle à un certain nombre d'hectares. Les fermiers étaient tenus d'exploiter « personnellement » leurs champs et d'« accepter les risques » liés à cette exploitation. La terre en excès serait rachetée par l'Etat et revendue à bas prix à des métayers organisés en coopératives pour éviter le démembrement.

Ce décret eut bien pour résultat de redistribuer les propriétés féodales, mais pas au profit des travailleurs migrants criblés de dettes ni des agriculteurs pratiquant la polyculture de base. Seuls le fermier modérément prospère et l'usurier omniprésent, prêt à assumer « tous les risques », purent profiter des réformes et des subventions que le gouvernement injectait dès lors dans le monde rural.

Nous aurions dû suivre le conseil de Gandhi et étudier nos villages. Mais nos planificateurs, formés en ville, ne s'en étaient guère souciés. C'est ainsi que nos travailleurs agricoles se retrouvèrent exploités non plus par de gros propriétaires mais par des petits, et virent leur situation se détériorer à mesure que le coût du fermage augmentait.

Il fallut attendre les années soixante-dix pour que l'Inde urbaine comprenne son erreur. La conscience politique de l'Inde rurale s'était enfin éveillée.

En 1979, un million d'agriculteurs vinrent manifester à Delhi : hommes du Nord aux épaules enveloppées dans une couverture grossière, fermiers sikhs sur des tracteurs étincelants, débarqués de ce que l'on appelait le « panier à pain » du Pendjab ; hommes coiffés de turbans, aux boucles d'oreilles sophistiquées, venus des dures contrées semi-désertiques du Rajasthan ; hommes en dhotis, originaires de l'Est, ou encore du Sud, au front marqué du signe de leur caste. Ils revendiquaient au premier chef de l'eau, mais aussi des semences, des engrais, des lignes électriques.

Dès 1980, les manifestations à Delhi étaient devenues inutiles. Ils avaient lancé des mouvements nationaux, exigeant de meilleurs tarifs pour leurs récoltes. Intimidés, nos élus répondirent en empruntant aussitôt à l'étranger pour leur accorder des avantages fiscaux. Un second emprunt permit de maintenir bas le prix de la nourriture afin de la rendre accessible aux pauvres. A mesure que le populisme prenait le pas sur le pragmatisme, les subventions firent un tel bond que, pour les seuls engrais, elles atteignirent un total de plus de deux milliards de dollars.

Tout comme ses ouvriers agricoles sans terre, l'Inde se retrouvait en servage, devant verser à ses créanciers étrangers des intérêts sans cesse croissants sur des prêts de plus en plus importants.

Mais ses paysans les plus pauvres, ses travailleurs migrants, ses artisans souffrant d'une baisse de leur clientèle villageoise continuaient de quitter la terre.

Quant à nous, citadins, pendant des années nous avions cru que cet exode rural était dû aux attraits de la ville, vantés en couleurs éclatantes par le cinéma et la télévision. Trop tard, nous nous rendîmes compte que c'était une infrastructure agricole longtemps négligée qui envoyait les dépossédés sur les routes, en quête de travail.

Lorsque j'étais enfant, cinquante millions d'Indiens habitaient en ville. Aujourd'hui ils sont quatre cents millions, soit près de deux fois la population des Etats-Unis. Leur nombre menace nos infrastructures urbaines, et nos villes, prêtes à exploser, ne peuvent plus les accueillir.

Maintenant qu'elles débordent sur la campagne, c'est enfin au tour du paysan de traiter le citadin avec condescendance.

«J'ai travaillé cette terre pendant cinquante ans, déclara un vieux fermier le jour où, la ville de Delhi s'étendant jusqu'à sa hutte de pisé, des investisseurs potentiels lui tombèrent dessus en lui offrant des sommes faramineuses pour son champ pas même irrigué. Dès avant l'aube et jusqu'après le coucher du soleil, j'ai tiré la charrue avec mes bras parce que je n'avais pas les moyens d'acheter un buffle. J'ai prié pour qu'il pleuve après avoir fait mes semis. J'ai prié pour qu'il ne pleuve pas avant de faire mes récoltes. Ma femme a ramassé de la bouse de vache comme combustible et, les bonnes années, nous avons troqué notre blé à des prix fixés par les intermédiaires pour pouvoir envoyer au moins un de nos fils à l'école. »

Il soupira de plaisir. « N'est-ce pas merveilleux ? J'ai travaillé très dur pendant de longues années sans que la terre me le rende. Maintenant, quand je me lève le matin, je me contente de regarder mon champ en souriant. Et je m'enrichis de jour en jour. »

CHAPITRE 8

Argent frais

Que tous ceux qui doutent que l'Inde soit en train de changer jettent un coup d'œil rapide à nos villes. Ils y découvriront une classe moyenne récemment émergée, et qui n'a pas fini de s'accroître.

Des familles entières habillées de tissus synthétiques brillants s'entassent sur des scooters conduits par des hommes aux cheveux gominés, portant visière et pantalon de tergal, et chaussés de ces fameuses « chaussures de mac » à bout pointu.

En montant dans l'échelle sociale, on trouve montres en or, voitures allemandes, vêtements italiens, yachts et avions, champagnes de marque, tables réservées pour des familles entières dans les restaurants et night-clubs les plus chers. Des centaines de coupes Lalique dans lesquelles se coagule un caviar dédaigné, voilà le symbole de la nouvelle attitude en Inde : quand on a de l'argent, on en met plein la vue.

Autrefois, on s'en cachait. Dans notre pays pauvre, la discrétion était une forme de solidarité.

Je me souviens que, étudiants de premier cycle à Cambridge, nous n'avions droit qu'au strict minimum de devises fortes pour couvrir nos frais. Mais cela ne nous dérangeait guère car nous vivions encore dans le vent d'austérité que faisait souffler Gandhi — et pourtant

Sarojini Naidu, son indomptable compagne dans les grandes manifestations non violentes qui mirent fin à la domination britannique, avait fait un jour remarquer que la pauvreté du mahatma coûtait cher à l'Inde.

Vingt ans après, en voyant notre économie stagner à un niveau alarmant considéré non sans mépris par nos économistes comme le taux de croissance normal de l'Inde, nous devions enfin comprendre cette petite phrase perspicace. Un peu plus tard, nous devions admettre que l'austérité imposée par nos erreurs de planification ponctionnait les finances publiques davantage encore que la pauvreté de Gandhi.

Mais, au début des années soixante, la planification se présentait bien. Les analystes du monde entier nous prédisaient un décollage économique imminent. En tant qu'étudiants, nous pouvions encore nous offrir le luxe d'un sentiment de supériorité morale vis-à-vis du laisser-aller de nos camarades — surtout ceux qui venaient du sous-continent.

Il faut dire que le snobisme à l'envers était notre seul recours face aux étudiants pakistanais qui, leur gouvernement ne leur imposant aucun contrôle des changes, étaient libres d'étaler leur richesse. Tandis qu'ils s'habillaient avec beaucoup d'allure chez Anderson et Shepherd, notre pénurie nous obligeait à arborer fièrement nos modestes vêtements faits maison au lieu du style fringant des couturiers chics de Savile Row. Quelle autre manière avions-nous de tourner notre pauvreté en vertu, sinon en adoptant un mépris digne de Robespierre pour les sybarites à la Danton venus du nord de notre frontière ?

Propriétaires de poneys de polo, ils fumaient des havanes et faisaient la course en Lotus de sport, dont les phares se levaient et se baissaient comme des yeux aguichants. Les jolies Européennes inscrites aux cours d'anglais dans les écoles des environs acceptaient leurs invitations beaucoup plus volontiers que celles des étudiants indiens pauvres.

Pourtant, nous possédions un atout qui leur manquait : notre Premier ministre était vice-chancelier de l'université de Cambridge. Grâce à Nehru, nous affichions du mépris pour ce que les planificateurs indiens appelaient les « articles de luxe », auxquels nous préférions des objets bon marché que nous pouvions fabriquer nous-mêmes. Nous allions nationaliser une grande partie de notre industrie et réglementer le reste.

Nous allions ignorer les cris d'alarme lancés par le Parlement contre ce maniérisme idéologique : « Un pays qui perd chaque année soixante pour cent de son eau à cause d'une gestion déficiente n'a pas les moyens d'épouser une idéologie », tempêtaient nos députés. Mais nous vivions à l'ère des idées, au cœur même d'une guerre froide qui dressait la justice sociale contre le capitalisme impitoyable, et nous brandissions notre pauvreté comme un étendard.

N'était-ce pas l'heure de gloire du socialisme à la Nehru ? Vice-chancelier de l'une des universités les plus respectées au monde, il était l'un des nôtres.

Libres de ce genre de considérations débilitantes, les étudiants pakistanais continuaient de passer leurs vacances à fréquenter tous les lieux à la mode de la Côte d'Azur. Ligotés par un contrôle des changes draconien, nous ne pouvions quitter Cambridge qu'à condition de passer des jours entiers au bord des routes, le pouce timidement tendu, sans grand succès.

C'est peut-être une humiliation de cette sorte qui poussa l'un de ces étudiants rationnés, Rajiv Gandhi, à alléger le contrôle des changes lorsqu'il prit la tête du gouvernement. A moins que ce ne fût l'accumulation d'autres restrictions imposées au pays par sa mère.

Pendant les années soixante-dix, Indira Gandhi, alors Premier ministre, avait donné au gouvernement de tels pouvoirs qu'il s'ingérait maintenant dans tous les aspects de la vie indienne. C'est pendant son mandat que l'augmentation brutale du prix du pétrole avait fait grimper en flèche celui des produits de base. Les ouvriers des secteurs nationalisés faisaient grève pour obtenir des hausses de salaires, l'Inde rurale exigeait une part accrue des bénéfices du pays.

Mais Mme Gandhi commença à nationaliser les compagnies d'assurance et les banques. Et les nouvelles entraves qu'elle mit à l'initiative privée devinrent si complexes qu'elles assurèrent un quasi-monopole à qui réussissait à obtenir une licence industrielle, malgré les quotas imposés par le gouvernement interdisant de produire à pleine capacité. Lorsque le quota était trop bas et la demande trop grande, le marché noir prenait le relais, générant des montagnes d'argent liquide non déclaré. C'était autant qui n'allait pas à la construction de nouvelles usines, à la production de nourriture ou à la création d'emplois.

Eberlué, un journaliste de *The Economist* fit remarquer à propos de notre système : « Il n'a son égal nulle part ailleurs. Par bien des aspects, il ferait honte à l'économie planifiée soviétique. » Moins charitables, nos propres économistes déclarèrent que nous avions créé le « pays où règne la licence ».

Tout s'était fait avec les meilleures intentions, dans un but d'autonomie, d'indépendance par rapport à l'impérialisme commercial occidental qui venait de remplacer l'impérialisme politique occidental.

Cependant, même lorsque, étudiants, nous regardions avec envie nos collègues pakistanais, nous soupçonnions que quelque chose avait mal tourné chez nous.

Mais, comme il n'est jamais trop tard pour réparer ses erreurs, l'un de nos contemporains avait enfin pris le problème en main.

Délaissant nos rêves creux d'autonomie, Rajiv Gandhi

ouvrait les frontières économiques de l'Inde, déréglementait l'industrie, taillait des coupes franches dans l'impôt.

Qui plus est, il accueillait avec un plaisir manifeste ces marchandises importées, autrefois diabolisées et interdites. Comme la ménagère indienne de *L'Illusion des ténèbres* de V.S. Naipaul, notre Premier ministre «ne jurait plus que par l'étranger».

Lunettes d'aviateur, eau minérale, voitures rapides, il ne consommait plus que des produits d'importation. Alors que Nehru et Shastri avaient utilisé les lignes aériennes commerciales pour leurs déplacements, il s'était fait affecter un Boeing personnel; quant aux décorateurs qui travaillaient chez lui, ils se faisaient décorer des honneurs officiels.

En l'observant, nous comprîmes que le style *khadi* *, passé de mode, était désormais remplacé par le luxe. Après quarante longues années, nous pouvions dire adieu au cilice de la pauvreté. Pour la première fois dans l'histoire de l'Inde indépendante, la richesse était devenue politiquement correcte.

---

* *Khadi* : étoffe grossière filée au rouet et tissée à la main. Symbole du mouvement lancé par Gandhi pour affranchir l'Inde de l'importation de produits textiles anglais et de la domination britannique (voir chapitre 6). (*N. d. T.*)

CHAPITRE 9

Abondance de biens

S'il est vrai que Delhi compte parmi les villes ayant la plus forte croissance au monde, je soupçonne néanmoins les recensements de se faire en hiver, à l'époque où la capitale est envahie par des hordes d'Occidentaux fuyant la neige et le froid.

Pendant les années soixante-dix, les étrangers venaient y chercher l'illumination spirituelle. La décennie suivante, débridée, vit arriver à la tête du gouvernement un jeune et séduisant enfant du baby-boom, Rajiv Gandhi, qui libéralisa l'économie indienne. L'argent devint la nouvelle illumination.

Je ne fus donc pas surprise lorsque, à un dîner, un invité m'aborda ainsi : « Nous attendons cinq cents Jeunes Directeurs et leurs femmes à l'occasion d'India 1986. Nous aimerions vous demander une petite communication ; il faudrait que vous leur donniez une image insolite de l'Inde, qui les inciterait à investir chez nous. »

Je pris un air solennel. Le sérieux de son comportement me suggérait une approche… Hum, qu'était-ce donc qu'un Jeune Directeur ?

« Une véritable fusée financière et industrielle. Ils dirigeaient tous leur propre société dès l'âge de quarante ans. »

Et qu'était India 1986 ?

«Une opération visant à ce qu'ils s'implantent en Inde. Les autres intervenants sont Henry Kissinger, Mère Teresa et le dalaï-lama.»

Ce n'était pas rien, comme flatterie, que de s'entendre considérer comme l'égale d'une star, d'une sainte et d'une figure divine. En comparaison, le simple patriotisme faisait bien piètre figure. Mais que dire à de Jeunes Directeurs lorsqu'on n'est ni un expert ni un saint, et encore moins une déesse? Je connaissais quelques blagues. Cela suffirait-il pour donner à ces jeunes tigres des affaires l'envie d'investir en Inde?

J'appelai le quartier général de l'organisation des Jeunes Directeurs à New York. Des voix un peu brusques me répondirent, évoquant des images de jeunes gens en uniforme déplaçant des figurines munies de drapeaux sur un planisphère.

«Je ne veux pas passer après Mère Teresa, leur expliquai-je en essayant de les attendrir sur mon sort.

— Et pourquoi donc?

— C'est un pari impossible. Autant passer en concert après Little Richard.

— Ah bon? On vous arrange ça. Vous allez bientôt recevoir notre programme. Au revoir, bonne journée.»

Les documents arrivèrent, reliés de ce rouge luxueux généralement associé aux Must de Cartier, et contenant les photos des intervenants. Je n'y trouvai pas celles du Dr Kissinger ni du dalaï-lama. Je m'étais fait circonvenir par un Jeune Directeur. Mais ma déception s'évanouit lorsque je lus le sujet de l'intervention d'une certaine Mlle Bettina Arndt : «Pas ce soir, chéri, j'ai la migraine», suivi un peu lourdement peut-être par : «Le patron serait-il minable au lit?»

Voilà qui allait attirer les capitaux en Inde.

Pris en sandwich entre la communication du rédacteur en chef du *Washington Times*, «Afrique du Sud : guerre raciale ou modus vivendi», et celle du président de

Porsche, « Prospectives internationales en période incertaine », quelqu'un allait parler du dilemme de l'« arrivée au plateau ».

Le plateau ? Quel plateau ?

Ce mystérieux sujet serait abordé dans la conférence intitulée : « Résolution de la crise de la cinquantaine. Des réponses qui nous viennent de l'Inde. » Je me demandais comment l'intervenant allait s'en tirer. En Inde, nous connaissions les crises de la mi-journée, du milieu de semaine éventuellement, mais avions-nous suffisamment gravi les échelons de l'échelle évolutive pour prétendre connaître quelque chose à la crise de la cinquantaine ?

Je comptais parler des Occidentaux ayant renoncé à leurs jouets sophistiqués dans l'espoir d'acquérir la légendaire profondeur spirituelle de l'Inde, tandis que les Indiens troquaient tous leurs biens, y compris leur profondeur spirituelle, pour avoir la chance de posséder ces jouets délaissés. Cela jetterait-il quelque lumière sur la crise de la cinquantaine ?

Dans l'intervalle nous séparant du séminaire, notre Premier ministre, notre ministre des Affaires étrangères et nos conseillers en planification et réformes administratives firent tous des propositions de communications. Je me sentis soulagée d'un poids. Si ces personnages n'arrivaient pas à convaincre les patrons internationaux d'investir chez nous, qui le ferait mieux qu'eux ? A moins que le meilleur chemin pour gagner le cœur d'un directeur ne fût par le biais de son estomac, auquel cas nous pourrions toujours nous rabattre sur les cinq sauces primaires de notre cuisine, que se proposait d'expliquer une intervention sur « La cuisine indienne : un monde coloré en brun, rouge, jaune, blanc et vert ».

Ainsi donc, nous reçûmes nos cinq cents hôtes et leurs épouses, qui paralysèrent la circulation et prirent d'assaut les chambres d'hôtel de la capitale. La routine.

Moins routinières furent les activités annexes déployées,

dans les halls d'hôtel, en hommage à la condition *sine qua non* pour faire partie de l'Association des Jeunes Directeurs : avoir un compte en banque bien garni. Bijoutiers courbés sur des pierres précieuses qu'ils examinaient à la loupe, vendeurs venus d'aussi loin que Bénarès, essayant avec un sourire poli de glisser de fragiles bracelets de verre à des poignets d'une grosseur qu'ils n'auraient jamais crue imaginable, femmes voilées du Rajasthan penchées sur des bols de henné et peignant des symboles de fertilité sur les paumes des épouses qui attendaient sagement leur tour. Parfois les maris de ces dames venaient eux aussi se prêter au jeu, mais personne ne riait lorsque, à la conférence, ils levaient des mains peinturlurées d'attributs féminins. Les riches ne sont-ils pas différents des autres ?

La seule personne qui n'avait pas compris cela était un astrologue assis comme un pacha sur des coussins, entouré d'une cour d'Occidentaux dont il prévenait la fameuse crise à venir.

J'observais un homme jeune et de belle prestance, un Australien ayant bâti sa fortune sur le négoce des fruits et légumes, qui se faisait prédire l'avenir. Surpris par les détails que lui donnait l'astrologue sur son passé, il fut ravi d'apprendre qu'il n'était pas encore arrivé au plateau.

« Vous n'êtes pas encore à l'apogée de votre succès ! s'écria le devin enthousiasmé, les yeux fixés sur son horoscope. Vous allez changer de voie et vous engager sur le chemin de la richesse, grâce à une activité encore plus rémunératrice que ce que vous faites aujourd'hui.

— Quelle activité ? s'enquit avec curiosité le millionnaire australien.

— N'ayez crainte, monsieur. Bientôt, vous serez... vous serez... »

Nous étions une vingtaine à retenir notre souffle.

« Vous serez usurier ! » annonça, triomphant, l'astrologue pour qui les magnats des fruits et légumes n'étaient que menu fretin comparés aux prêteurs d'argent hissés dans l'univers raréfié des véritables riches.

Ce qui caractérisait en fait ces gens riches, c'était leur incroyable endurance. Après un jogging et un cours de yoga dès l'aube, ils allaient faire deux ou trois longueurs de piscine et échanger quelques balles au tennis ; ensuite, ils filaient apprendre à enrouler un turban ou un sari, parcouraient cent soixante kilomètres jusqu'à Agra pour voir le Taj Mahal, achetaient des tapis, prenaient le thé chez le président de l'Union indienne, assistaient à des matches de polo disputés par le 61ᵉ régiment de cavalerie, visitaient usines et villages périphériques, dînaient chez l'habitant pour voir comment vivaient les vrais Indiens, couraient les boutiques et trouvaient encore le temps d'assister au colloque qui occupait la journée entière. Et ils n'étaient là que pour la semaine.

Les voix alertes de New York, qui appartenaient en fait à des gens d'un style plus *Cosmopolitan* que militaire, orchestraient les solutions aux problèmes d'India 1986 avec une équanimité exaspérante. Je me plaignis de passer maintenant non seulement après Mère Teresa mais aussi après le Premier ministre. Quel programme était-ce donc là ? Ils m'accueillirent avec des claquements de langue compatissants ; sans changer leur planning d'un iota, ils me remirent un médaillon de bois de santal gravé à mon nom et indiquant ma fonction — enseignant universitaire — ainsi qu'un petit cartable de toile plein de documents sur papier glacé. Bref, de quoi augmenter la collection de brochures rouge Cartier qui fournissait la liste des meilleurs restaurants et boutiques de Delhi, histoire de bien prouver que nous faisions partie de la société de consommation.

C'est du moins ce que laissa entendre Mère Teresa dans un plaidoyer d'une stupéfiante modernité. Elle réclama de l'aide pour les victimes du sida. Aux Jeunes

Directeurs, qui avaient déjà accepté de réunir un million de dollars défiscalisables pour ses hospices new-yorkais, elle dit que leur argent ne suffisait pas. Elle exigea un engagement personnel, des bénévoles auprès des patients. La brume de sentimentalité se dissipa instantanément. Aucun d'eux n'était prêt à lui tendre sa main couverte de henné plutôt que son carnet de chèques. Ils se montrèrent plus compréhensifs lorsqu'elle les exhorta à davantage d'humanité envers leurs employés — leur suggérant de demander le nom de leurs enfants, par exemple.

Les Jeunes Directeurs n'étaient pas en territoire inconnu : en plus du médaillon, on leur avait distribué un livret rouge intitulé *Who's Here* et contenant la liste des noms, prénoms et surnoms des participants.

C'est en essuyant des larmes d'émotion que les Ed, Bob, Al et Chuck et leurs épouses Babs, Fran, Connie, Sue, écoutèrent Mère Teresa clore son discours et se radossèrent à leur siège tandis qu'arrivait l'intervenant suivant, un homme qui aurait pu être l'un des leurs.

Dirigeant d'un pays à quarante ans, notre Premier ministre avait l'esprit ouvert : il leur expliqua comment il entendait faire franchir à ses troupes peu maniables le seuil du XXIe siècle. Tout comme Mère Teresa représentait un visage acceptable de la charité, Rajiv Gandhi était un specimen parfaitement recevable des chefs d'Etat du tiers monde.

Lorsqu'il eut terminé, l'assistance se mit à remplir ses fiches d'évaluation. Elles comprenaient six catégories et huit sous-catégories pour lesquelles il fallait attribuer une note de un à dix à tous les intervenants, des saints aux experts géo-politiques en passant par les Premiers ministres. Rajiv Gandhi plafonna partout à six ou sept. Mère Teresa rafla tous les dix, à l'unanimité. Elle était une vraie star.

Et les consommateurs ont besoin de stars. Comme elle

tentait de s'échapper, elle fut rattrapée par des millionnaires qui la forcèrent à descendre de sa camionnette
pour se faire photographier avec eux. Avec des airs
d'E.T. grognon dans son sari blanc bordé de bleu, elle
s'exécuta plusieurs fois à contrecœur, mais se consola en
apprenant son score.

« Dix ! J'ai eu dix ! cria-t-elle aux religieuses qui l'accompagnaient. Qu'est-ce que ça veut dire ?

— Que vous êtes la nouvelle Bo Derek ! » lui répondirent des amies qui travaillaient avec elle depuis le début
de sa mission. Les jeunes nonnes gloussèrent d'un air
entendu lorsque celles-ci lui proposèrent de lui montrer
une vidéo du film pour qu'elle comprenne ce que cela
voulait dire.

Les choses se réduisent rarement à leurs apparences.
Ces décideurs occidentaux venus dévorer l'Inde comme
un banc de requins blancs cachaient un côté plus perspicace qui leur avait permis d'approfondir le problème.
A la fin des interventions, ils posaient des questions bien
documentées sur les affaires politiques et économiques
de l'Inde. Quand avaient-ils trouvé le temps d'y réfléchir ? Pendant toute la semaine, dans les salles de confé-
rences bondées, les rumeurs venues des quatre coins du
monde avaient filtré sous les portes closes. Pour être déci-
deur aujourd'hui, et créer des richesses, suffisait-il d'em-
magasiner de l'information telle une disquette d'ordinateur ?

C'était un mystère presque aussi impénétrable que
l'événement qui devait clore le séminaire. Destination
secrète, disait le carton d'invitation. Tenue de soirée. Et
le lendemain, tout le monde serait reparti.

Les jeunes millionnaires distribuèrent à leurs guides
stupéfaits, des étudiants de l'université de Delhi, les
conserves qu'ils avaient apportées pour se préserver des
maladies. Ensuite arrivèrent les experts en turbans et en
saris. Deux heures durant, les turbans se nouèrent sur les

têtes des directeurs, les saris vinrent ceindre la taille des femmes les plus audacieuses. Applaudissant les nouveaux costumes avec enthousiasme, on se regroupa dans le vestibule de l'hôtel en attendant le départ.

Soudain, couvrant les acclamations du millier d'invités, une fanfare de cuivres ouvrit un chemin dans la foule. Saluant avec grâce, une poignée d'ex-dirigeants de l'Inde en tenue royale descendit l'escalier de marbre et monta dans les Bentley et Rolls Royce de collection alignées derrière les éléphants caparaçonnés qui devaient mener la procession.

Les millionnaires suivirent, qui grimpèrent dans des palanquins portés par des serviteurs en livrée, ou encore sur des chameaux ou des chevaux. Certains allèrent à pied pour mieux goûter le spectacle : l'avenue était gardée par des soldats gurkhas postés en face des centaines de porte-lanternes arborant la ceinture de soie traditionnelle. Ainsi donc, au son des orchestres de mariage, défilant sous les yeux exorbités de la foule, nous franchîmes lentement les portes de l'hôtel pour notre destination secrète — qui s'avéra n'être autre que l'entrée de service de ce même hôtel.

Nous eûmes droit à une haie d'honneur de lanciers à cheval. De belles jeunes filles en longues jupes traditionnelles rouge et or lançaient des guirlandes de jasmin au cou des dames, apposaient une tache rouge au front des directeurs et faisaient pleuvoir sur tous de l'extrait d'eau de rose. Sur notre gauche, un orchestre militaire, uniformes blancs brillant sur les pelouses sombres, jouait des airs de l'empire ; les ex-dirigeants, eux, précédaient les directeurs d'entreprise sous une tente où l'on servait des cocktails au champagne. Un finale fabuleux. Tous les ingrédients de l'Inde — empire moghol, Raj britannique, tradition hindoue, mariage contemporain, maharajahs du temps jadis, un peu à la manière des cinq sauces primaires de la cuisine indienne — avaient été

90

réunis pour séduire le palais blasé des Jeunes Directeurs... et dans l'espoir d'attirer les investissements.

Un énorme gong de bronze retentit, suivi du cri de «*Hoshiar! Hoshiar!*» lancé autrefois par les eunuques pour annoncer l'arrivée du maître au harem. Nous comprîmes qu'il fallait vider nos flûtes et escorter les maharajahs dans la salle de banquet.

Au dîner, kebabs, currys, petits pains indiens, légumes, défilèrent dans nos assiettes d'argent; vins, champagnes, liqueurs remplirent nos verres en attendant l'arrivée de l'orchestre.

Puis, pendant quatre heures, les Jeunes Directeurs dansèrent sur une musique qui devait leur plaire, car la piste fut tellement bondée que les couples débordèrent entre les tables.

Mon voisin de gauche, membre du Conseil des ministres du gouvernement thaï, fit laconiquement observer que le matin même, il avait parlé à ces danseurs endiablés du contrôle démographique dans les pays du tiers monde.

«Au fait, avez-vous un porte-clefs?» me demanda-t-il.

Je fouillai dans mon sac tandis qu'un Jeune Directeur fredonnait *Feelings* dans le micro, applaudi par les autres.

«Désolée, je n'ai pas de clefs sur moi.»

Il plongea la main dans son élégant smoking et en sortit un. Je l'examinai. Une bulle de plastique en ornait le centre, au-dessus de laquelle était inscrit : *Briser la vitre en cas d'urgence.* Le ministre approcha une bougie pour m'éclairer. Dans la bulle, était enfermé... un préservatif bleu électrique.

Je fus tirée de ma chaise et invitée à chanter avec tout le monde. Etait-ce un cas d'urgence? Allais-je avoir besoin d'un préservatif bleu électrique? Ou valait-il mieux garder mon porte-clefs dans l'éventualité où on me demanderait de participer au prochain colloque?

India 1986 s'achevait. Sur la piste de danse, les invités

se tenaient par la main et chantaient la chanson pour la famine en Afrique : «We are the world, we are the people.»

La brochure de l'Association nous promettait : «Si vous avez aimé *Out of Africa*, vous aimerez Africa 1987.

CHAPITRE 10

Sténotypie

« C'est un scandale ! » criait l'intellectuelle française avec cette passion que seuls possèdent les énergiques Occidentaux. Jetant un regard inquiet dans le bazar, je vis, dans une cour sale, deux petits garçons en short déchiré se renvoyant à coups de pied des sacs en plastique de mauvaise qualité.

Nous étions en 1996, dans un centre commercial comme il en a tant poussé dans les grandes villes indiennes — hideux complexes en béton brut, dont les marches ébréchées étaient maculées de coulées de jus de bétel.

La puanteur du cuir mal tanné livrait bataille à l'odeur de friture des petits cafés d'angle, où les gens s'arrêtaient pour avaler un casse-croûte avant de rentrer chez eux regarder la vidéo qu'ils venaient de louer pour la soirée. Des portants pleins de vêtements prenaient la poussière dans des passages bondés, à côté de chaussures empilées en pyramides précaires qui ne rentraient pas dans les minuscules échoppes. Les boutiques de disques braillaient des musiques de film rendant impossible tout effort de conversation civilisée et dérangeant les élèves qui, dans de minuscules écoles limitées à deux tables, deux chaises et deux machines, tapaient sur leurs claviers d'ordinateur.

« Qu'est-ce qui est un scandale ? » Devant tant de possibilités, j'étais incapable d'identifier la cible de sa fureur.

« Ces vidéos ! » siffla-t-elle en désignant l'affiche criarde d'un film indien scotchée en devanture d'un magasin, et que j'allai regarder de plus près. Elle ne manquait pas de vitalité et me rappela un hôtel indien qui vantait son strip-tease avec ces mots : *Entrez voir la crue et vive Gwendolina*. Même un intellectuel français, me dis-je, n'irait tout de même pas jusqu'à exiger d'un bazar indien le sens de l'esthétique.

« Vous savez ce qu'on met sur vidéo, maintenant ? insista-t-elle, et je me préparai au pire. Des rituels religieux ! Imaginez un peu ! Vous appuyez sur un bouton et vous vous prosternez devant un écran de télévision sur lequel un prêtre psalmodie une prière ! »

Je la regardai, soulagée. Scandalisée de ma stupidité bornée, elle m'agita sous le nez une manche de mousseline brodée. « Mais enfin, réfléchissez ! Les gens vénèrent une cassette vidéo ! »

Et alors ? me dis-je. Voyons les choses en face. Nous sommes en Inde. Nous vénérons bien les climatiseurs, les ordinateurs, les caisses enregistreuses et les chars à bœufs, lors d'un rituel annuel qui s'appelle Vénération des Armes.

Depuis des millénaires, les Indiens considèrent que l'homme se distingue des autres créatures par sa capacité de fabriquer des outils. En honorant ceux-ci, nous honorons l'ingéniosité humaine ; la cérémonie remonte à une époque où les guerriers adoraient leurs armes, outils de leur métier. Dans l'Inde moderne, les gens continuent d'orner de guirlandes les instruments typiques de leurs différentes techniques, espérant d'eux une réaction favorable. Une réaction quelconque, en fait. Le jour de la fête, on offre des noix de coco aux machines, on les peinturlure de vermillon, on tente de se les concilier en allumant un si grand nombre de bâtons d'encens qu'elles disparaissent dans des nuages de fumée odorante.

A l'ère de l'électronique, les nouvelles machines se succèdent si vite qu'il faudrait plus d'une journée pour les honorer toutes. Il n'y a pas si longtemps, l'importation de téléviseurs en couleur était interdite. Aujourd'hui, nous les fabriquons. Les ordinateurs, fax, répondeurs et autre panoplie de la communication instantanée intègrent les Indiens dans la course au futur.

Il y a quelques années, nos réseaux téléphoniques étaient tout simplement désastreux, ne desservant que les villes, et encore, uniquement les abonnés prêts à patienter des années ou à verser de coquets pots-de-vin. Aujourd'hui, le téléphone permet au paysan isolé de court-circuiter l'intermédiaire vorace et de négocier lui-même la vente de ses récoltes.

Le téléphone cellulaire, appendice du citadin heureux en affaires, a même pénétré certaines zones de l'Inde rurale. Il arrive de voir, devant sa maison de pierre et de torchis, un villageois allongé sur son éternel *charpoy**, tandis qu'un peu plus loin paissent un ou deux bœufs, près d'une voiture de marque indienne garée à l'ombre d'un arbre. Le paysan fume le narguilé tout en traitant au téléphone — portable — une affaire immobilière, car les limites de la ville s'étendent peu à peu jusqu'à ses terres. A moins qu'il ne soit en train de fixer le prix de ses récoltes en fonction du cours du grain, ou de louer un tracteur de fabrication indienne.

L'essor d'une énergie toute nouvelle se remarque jusque dans les rues animées de nos villes. Depuis quand y voit-on tant de voitures, que les Indiens conduisent si

---

* *Charpoy* : lit sommaire formé d'un cadre de bois sur lequel sont tendues des ficelles de jute. (*N. d. T.*)

imprudemment? Depuis quand y entend-on un tel concert de klaxons dès l'instant où le contact est mis? Depuis quand toutes ces boutiques Benetton côtoient-elles les magasins de saris, ces publicités pour Coca-Cola celles pour les épices lyophilisées? Que font ces cyber-cafés à côté des gargotes à kebabs? Faut-il y voir un signe de la consommation à tout crin que nous avons si long-temps abhorrée? Ou un nouveau visage, s'inscrivant dans un autre plus ancien, d'une Inde bien décidée à exploiter les perspectives qui s'offrent à elle?

Ces ouvertures se sont fait attendre, obstruées qu'elles étaient par des décennies de suprématie étatique, jus-qu'à ce que l'impasse économique des années quatre-vingt-dix nous force à des réformes libérant enfin les immenses énergies commerciales de notre pays. Il suffit d'allumer nos téléviseurs *made in India* pour mesurer l'augmentation phénoménale du nombre de marchan-dises dont dispose le consommateur, d'ouvrir le journal pour voir combien d'investisseurs étrangers sont prêts à affronter nos réglementations byzantines pour monter dans notre ascenseur économique.

Autrefois, le rêve d'un Indien diplômé était de deve-nir fonctionnaire : la fonction publique assurait un revenu stable et une totale sécurité d'emploi. Les rêves changent. On pressent déjà que le secteur public risque de perdre ces deux avantages au profit d'un secteur privé en expansion et assurant des revenus plus élevés.

Une blague circulait autrefois sur l'État de Kerala, qui, à cause de son taux élevé d'alphabétisation, produisait beaucoup de petits fonctionnaires. La population, dotée d'une conscience politique, y est largement communiste.

Quelqu'un, donc, demande à un habitant du Kerala : «Vous êtes capitaliste ou marxiste?

— Je suis sténotypiste», répond celui-ci.

Aujourd'hui, plus personne ne veut occuper ce genre d'emploi. Les écoles minuscules qui se pressaient autrefois dans nos affreux centres commerciaux ont été remplacées par des instituts d'informatique attestant la soif d'apprendre et de réussir si caractéristique de l'Indien.

Car les Indiens sont véritablement incroyables. Ils commencent déjà à sentir que le vent souffle d'une autre direction et que, financièrement, ils vont gagner au change.

Il y a cinq ans, le secteur informatique employait cinq mille personnes. Aujourd'hui, ils sont deux cent cinquante mille à produire des logiciels vendus dans le monde entier, à des clients tels que les cinq cents plus grosses sociétés du classement de *Fortune*. Demain, l'électronique pourrait bien nourrir cinq cent mille salariés : notre plus jeune industrie a aussi le plus fort taux de croissance et exporte déjà un demi-milliard de dollars de marchandises chaque année.

Il a été dit que l'Indien considère comme une chance à saisir ce que son homologue occidental exige comme un droit. Et depuis près de deux siècles, nous savons que chance et communication vont de pair. Cette dernière nous a conquis : télégraphe, train et réseaux de la bureaucratie du Raj. Avides d'en profiter, au départ des Britanniques nous avons vu passer le nombre de nos universités de quatre à plus de quatre-vingt-dix. L'effectif estudiantin moyen, en augmentation constante depuis, atteint aujourd'hui dans les grandes universités de Calcutta, Delhi, Madras et Bombay des chiffres excédant cent mille personnes, pour un nombre de candidatures rejetées annuellement deux fois supérieur. Le nombre de diplômes délivrés chaque année dépasse cinq millions, tandis que les instituts technologiques nous assurent un apport régulier en scientifiques et ingénieurs.

Pourtant, beaucoup trop d'Indiens sont encore incapables de lire un nom ou d'écrire un chiffre, ce qui grève lourdement nos espoirs de développement. Aujourd'hui, plus de quatre-vingt-dix pour cent des Coréens du Sud savent lire et écrire, contre moins de cinquante pour cent d'Indiens. Cette situation est due à la politique de Nehru, qui a choisi de privilégier l'enseignement supérieur, mais aussi à celle d'Indira Gandhi, dont le plan quinquennal — le troisième du pays — ne comptait pas l'alphabétisation parmi ses priorités. Pourtant, en augmentant le niveau de vie, une telle mesure aurait fait chuter la démographie.

Au grand soulagement des pauvres, l'enseignement primaire est enfin passé au premier plan de nos préoccupations. La pauvreté est un état d'esprit autant qu'une condition matérielle ; c'est un manque d'espérance, une certitude que les choses ne changeront jamais. Les indigents sont prêts à s'engouffrer dans la première brèche qui s'ouvrirait dans ce mur de désespoir. Pour eux, c'est une question de vie ou de mort. Si vous demandez à un Indien, villageois ou citadin défavorisé, ce qu'il désire le plus, il vous répond invariablement : envoyer mes enfants à l'école.

Juste au-dessus dans l'échelle sociale, les préoccupations sont les mêmes. L'admission dans un établissement scolaire ou universitaire fait peser sur les enfants une pression telle que, dès l'âge de trois ans, ils doivent passer un examen d'entrée à la maternelle. Dans nos villes, les réverbères et les arbres servent de support à des petites annonces de cours particuliers aux lycéens et aux jeunes étudiants. Les parents sont prêts à débourser des sommes énormes connues sous le nom de « capitation ». Cet euphémisme désigne de véritables bakchichs garantissant à leurs enfants une place dans les écoles et collèges privés. J'ai rencontré un jour le directeur de la plus prestigieuse *business school* des Etats-Unis, qui revenait de vacances en Inde. Il était abasourdi par le nombre de gens l'ayant pisté d'hôtel en hôtel et venus le supplier, l'implorer d'accepter leur enfant dans son établissement.

Les savoir-faire modernes ne nous sont aucunement

inaccessibles. Médecins, ingénieurs, chercheurs, économistes, comptables, à un niveau technique moyen, les Indiens ne le cèdent en rien à leurs homologues. Ils sont prêts à s'approprier toutes les avancées de la technologie.

A l'heure où Silicon Valley s'endort, nos scientifiques s'éveillent à Bangalore, la «Silicon Valley asiatique» : grâce aux échanges permanents de connaissances sur les autoroutes de l'information, ils s'attachent à résoudre les mêmes problèmes qui occupaient leurs collègues américains quelques heures plus tôt.

L'on est en droit de se demander pourquoi les cerveaux ne fuient pas davantage notre pays. Beaucoup de nos savants répondent qu'ils n'ont pas envie de quitter un monde de relations familiales étroites et de festivals — un monde où les cérémonies religieuses sont sauvegardées sur vidéo et où les journaux, à propos de la popularité des mythologies télévisées, peuvent titrer : «Les dieux travaillent.»

Notre esprit pratique traditionnel est la grâce qui nous sauve, car il préserve un mode de vie où la machine obéit encore à l'homme au lieu de le supplanter. Mais c'est une notion difficile à expliquer à un Occidental. Voilà pourquoi la Française en colère s'était scandalisée de notre culte électronique alors que je ne voyais que son côté religieux.

Pour moi, le véritable scandale était que quatre cents millions d'Indiens soient encore privés de machines qu'ils puissent vénérer.

CHAPITRE 11

Rêver

Rien n'est plus décourageant, pour un Indien, que de lire des articles sur la Malaisie, la Corée du Sud, Singapour, la Thaïlande, l'Indonésie. Avec leur économie en plein essor, nos voisins se font appeler les Tigres de l'Asie du Sud-Est. A ma grande déception, les analystes du monde entier parlent de l'Inde comme du Tigre en cage, un pays qui n'a pas encore exploité son énorme potentiel.

Dans les comparaisons entre l'Inde et la Chine, l'Inde est toujours l'éléphant, la Chine le lièvre.

Un jour, un banquier m'appelle de Londres. Il analyse le marché indien.

« Est-il exact que l'Inde compte vingt millions de millionnaires en dollars ? » me demande-t-il non sans une pointe de respect dans la voix.

Tandis que le compteur des télécoms tourne, nous envisageons tous les deux ce que cette question implique. Serions-nous vingt millions à être millionnaires en dollars ? Est-ce seulement possible ? Et qui sont ces gens ? Sur quoi ont-ils bâti leur fortune ?

Certains, j'imagine, se seront enrichis grâce au marché noir florissant que le gouvernement a favorisé par ses programmes de « protection des pauvres ».

D'autres, les rois du Pays où règne la licence, ont pris

le contrôle des industries que les réglementations gouvernementales visaient précisément à les empêcher de contrôler.

D'autres encore étaient des courtiers en Bourse ayant gonflé artificiellement les marchés quand, après des nationalisations massives, l'offre de titres n'est plus arrivée à répondre à la demande.

D'autres enfin doivent leur fortune à la valeur qu'a prise leur maison dans nos métropoles malades à la fois d'une explosion démographique et d'une mauvaise urbanisation, et où l'immobilier atteint aujourd'hui des plafonds inconnus à New York et à Londres.

Et beaucoup, beaucoup trop, étaient autrefois des hommes politiques et des fonctionnaires pauvres.

Mais l'Indien le plus pauvre est plus démuni encore que son homologue d'Afrique noire. Cela ne s'explique pas. Peuple prospère doté d'une main-d'œuvre techniquement qualifiée et d'une administration stable, nous possédions les ressources qui auraient dû faire de nous un Tigre depuis longtemps. Hélas, occupés à planifier notre vie avec le même autoritarisme que l'Europe avait mis à établir nos cartes géographiques, nos leaders politiques ont fait en sorte qu'un pays quatre fois plus peuplé que les Etats-Unis ait une production ne dépassant pas celle des Pays-Bas.

Il suffisait pourtant de regarder autour de soi pour se rendre à l'évidence. Une fois libérés des contraintes qui pèsent sur leur pays, les Indiens vivant à l'étranger génèrent une activité économique intense. Pourquoi sommes-nous incapables de faire la même chose chez nous ? De produire plus que la Hollande ?

Tous nos Premiers ministres, l'un après l'autre, se sont efforcés d'éradiquer la pauvreté et n'ont fait que nous y enfoncer davantage.

Dans les années cinquante, Nehru avait rêvé de parvenir à une économie autosuffisante par une industrialisation rapide ; il avait négligé les besoins de l'Inde rurale. Les gains de la Révolution verte des années soixante furent engloutis dès la décennie suivante dans une centralisation à tout crin et dans des subventions toujours croissantes aux agriculteurs. Dans les années quatre-vingt, l'intérêt que Rajiv Gandhi portait à une Inde nouvelle se reporta bientôt sur les manipulations politiques de l'Inde ancienne ; son successeur, V.P. Singh, délaissa le développement économique au profit d'un changement politique.

Mais dans les années quatre-vingt-dix, il était déjà trop tard pour passer outre à la dimension économique. Nous n'avions jamais failli au remboursement de nos dettes, et nos réserves en devises étaient si basses que notre or dut être envoyé à Londres comme caution pour que nous obtenions des prêts internationaux. Les organismes de crédit mondiaux exigèrent aussitôt que l'Inde réduise ses dépenses publiques et ses subventions agricoles et engage une réforme fiscale.

En 1991, le Premier ministre Rao entreprit le passage délicat d'un socialisme mal huilé à une économie de marché.

Aujourd'hui, l'Inde aborde le prochain millénaire avec deux nouveaux slogans : Croissance et Perspectives. Nous permettront-ils de tordre les barreaux de la cage ? Pourrons-nous doubler de vitesse le lièvre chinois ?

Examinons nos atouts : une classe moyenne en expansion, qui compte déjà deux cent cinquante millions de personnes. Ajoutons-y quatre cents millions de consommateurs de produits de base. Cela en fait des vêtements et des ustensiles de cuisine ! Avec un taux de croissance très bas, nous couvrons déjà un marché d'un demi-milliard de gens. Que ce taux augmente et il nous permettrait de doubler notre classe moyenne et d'équiper tout le monde en produits de base. Nous couvririons un marché de près d'un milliard de personnes ; nous n'aurions plus vingt millions de millionnaires mais dix fois ce nombre. Davantage qu'aux Etats-Unis. Presque autant de millionnaires en dollars qu'il y a de citoyens américains.

Rien ne devrait nous arrêter, à moins que l'opportunisme politique, qui va malheureusement de pair avec l'économie indienne, ne prélève sa rançon habituelle.

Mais la démocratie est une bombe à retardement, et nous sommes la plus grande démocratie au monde. Nous sommes aussi devenus, comme l'a dit l'écrivain V.S. Naipaul, le pays d'un million de révoltes.

CHAPITRE 12

Ecrire

Dans les années 1890, époque où la cruauté du système des castes fermait les portes des écoles à des millions d'Indiens, le maharajah de Baroda, l'un des plus vastes royaumes de l'Inde, institua l'enseignement gratuit pour toutes les castes.

Les castes étaient autrefois des sortes de guildes des métiers. Le fait d'appartenir à la plus basse n'avait pas empêché un sage de l'Inde ancienne, Vyasa, de compiler un poème épique religieux, le *Mahabharata*; de son côté, le fils d'une femme de basse caste fondait le glorieux empire Maurya. Quand son petit-fils, l'empereur Asoka, se convertit au bouddhisme, les grandes universités avaient déjà répandu l'enseignement du Bouddha, lui donnant le statut de religion d'Asie.

Mais, au fil des siècles, le principe de la caste dégénéra au point de faire du métier une donnée immuable de la vie. Au bas de l'échelle, les éboueurs et balayeurs recevaient l'anathème, car leur ombre suffisait soi-disant à polluer les autres castes. On les appela les intouchables.

L'intouchable désirant s'instruire encourait la mort. Les Lois de Manu, observées par les hindous orthodoxes, prescrivaient la peine requise. Qu'un intouchable entendît par hasard le sanskrit, langue des Ecritures, et il s'exposait au châtiment consistant à se faire couler du plomb fondu dans les oreilles jusqu'à ce que mort s'ensuive.

A Baroda, un jeune intouchable enfin autorisé à fréquenter l'école fit de telles prouesses qu'il obtint une maîtrise à l'université de Bombay. Ensuite, il décrocha une bourse pour Columbia University, à New York, d'où il sortit avec un doctorat ès lettres qu'il compléta par un doctorat ès sciences à l'université de Londres. Ayant réussi ce double exploit, il devint le Dr Ambedkar. En Inde, le mahatma Gandhi faisait désormais appeler les intouchables « Harijans », ou enfants de dieu. Mais le Dr Ambedkar n'ignorait pas que, quel que soit le nom qu'on lui donnait, un intouchable restait un paria, l'enfer vivant dont les hindous espéraient se libérer par de bonnes actions leur permettant de renaître à des niveaux plus élevés de réincarnation.

Bien décidé à faire évoluer un vaste continent où près d'un tiers de la population souffrait de discrimination de caste, le Dr Ambedkar décrocha un autre diplôme à Londres, en droit cette fois-ci.

En 1946, un comité fut chargé de rédiger la Constitution de l'Inde. Dès 1947, le Dr Ambedkar le présidait.

Pendant les quatre longues années que dura ce travail, le sous-continent fut secoué par le changement. Les Britanniques quittaient le pays. Cinq cents maharajahs indépendants firent fusionner leurs royaumes avec l'Inde et le Pakistan, lui-même séparé en deux par mille six cents kilomètres de territoire indien. Au lendemain de la libération de ces deux nations, la Grande-Bretagne annonçait la sentence arbitrale tant redoutée quant au partage du Pakistan. La Péninsule était déchirée par un véritable carnage opposant hindous, musulmans et sikhs chassés des maisons de leurs ancêtres par l'un des plus grands exodes de l'histoire qui, en un an, ferait un million de morts et sept millions de sans-abri.

A travers ces turbulences explosives, les travaux sur la Constitution suivaient leur cours.

Le Dr Ambedkar pouvait s'inspirer non seulement des Constitutions occidentales, mais aussi d'un excellent ouvrage ancien sur l'art de gouverner, l'*Artha Shastra*, attribué à Kautilya, un ministre de la cour de l'empire Maurya. Il pouvait également puiser dans l'histoire.

Lors de la troisième et dernière lecture du projet de Constitution, il fit remarquer : « On ne peut pas dire que l'Inde ignore tout de la démocratie. Fut un temps où elle était truffée de républiques. On ne peut pas dire non plus que les parlements ou les procédures parlementaires lui soient inconnus. Les Sanghas (ordres monastiques bouddhiques) siégeaient selon des modalités bien précises, et observaient des règles concernant motions, résolutions, quorums, chefs de file, comptage des voix, vote à bulletin secret, motion de censure, régularisation, respect de la chose jugée, toutes choses empruntées aux assemblées politiques fonctionnant dans le pays. Ce système démocratique, l'Inde l'a perdu. Le perdra-t-elle une seconde fois ? Si nous souhaitons maintenir la démocratie non seulement sur la forme mais sur le fond... nous devons observer la règle de prudence rappelée par John Stuart Mill à tous ses défenseurs : ne jamais déposer leurs libertés aux pieds d'un seul homme, fût-il un grand homme ; ne jamais lui confier des pouvoirs risquant de corrompre leurs institutions. Le culte du héros est le chemin le plus sûr vers la dégradation de la démocratie et vers la dictature. »

La République souveraine d'Inde fut officiellement proclamée le 26 janvier 1950, adoptant une Constitution lui garantissant que :

L'Etat respectera l'égalité de tous devant la loi.

L'Etat n'exercera aucune discrimination de religion, de race, de caste ou de sexe envers quiconque

L'« intouchabilité » est abolie, toutes ses formes de pratique sont interdites.

L'Inde se prépara bientôt à aller aux urnes pour ses premières élections législatives.

Profitant de cette grande occasion, l'avocat intouchable qui avait rédigé sa Constitution rappela au peuple que, tant qu'elle ne s'inscrivait pas au cœur de chaque citoyen, cette Constitution restait un simple bout de papier.

CHAPITRE 13

Vox populi

Rien que pour son panache unique au monde, le spectacle de la démocratie indienne vaut le détour. Dans quel autre pays verrait-on cent mille sadhus interrompre leur méditation et descendre, nus, cheveux emmêlés, de leurs grottes à flanc de montagne pour prendre d'assaut les grilles du Parlement — grilles pour la première fois fermées de façon à endiguer cette vague d'hommes saints brandissant des tridents de fer, et bien décidés à forcer l'entrée de la citadelle de la nation pour faire interdire le massacre des vaches.

Dans quel autre pays verrait-on une foule d'hermaphrodites et d'eunuques en saris de couleurs éclatantes, ployant sous les bijoux, défiler dans la capitale pour s'opposer au planning familial sous prétexte que cela diminuerait leur chance statistique d'être mis au monde?

De telles manifestations, il ressort que le concept de nation, que nous avons emprunté sans trop réfléchir à l'Europe du XIXᵉ siècle, est trop étroit pour englober notre diversité. Mais, un demi-siècle après notre indépendance, nous déployons toujours les antennes hypersensibles d'un peuple colonisé qui tente vainement de ressembler à un Etat-nation européen.

Quant à nos politiciens, chacun reste persuadé d'être le seul à pouvoir définir cet Etat-nation parce que le seul

108

à connaître le «véritable peuple indien». Heureusement, le véritable peuple indien prend un malin plaisir à leur prouver le contraire. Notre premier chef de gouvernement en fit l'expérience lors du voyage qu'il entreprit avec force publicité en 1957, parmi les tribus du nord-est de l'Inde.

Ces peuples de montagnes et de collines se mobilisent souvent contre la déforestation, orchestrée par des exploitants qui contribuent largement à remplir les coffres de la classe politique. Pourtant, tous ceux d'entre eux qui se rendent à Delhi pour plaider leur cause finissent par succomber à ce que notre Premier ministre imagine être le summum de l'ambition tribale : se faire prendre en photo avec le chef du gouvernement couronné, en signe de solidarité, d'une insolite coiffure locale.

Plusieurs photographes de presse furent donc du voyage avec Nehru. Alors que l'avion virait au-dessus de la vallée, entre les belles collines boisées souffrant d'une désertification croissante, ils distinguèrent au sol des centaines de minuscules silhouettes : les Indiens des tribus étaient venus de leurs terres inaccessibles accueillir leur Premier ministre.

Il y avait des chefs portant d'immenses coiffures de plumes, de perles et de cornes, sortes de descendants orientaux et très dignes de Moctezuma. De jeunes femmes aux longs cheveux leur retombant sur les reins. Des matrones vêtues de châles et de sarongs tissés au rouet. De beaux jeunes gens au visage imberbe et sans ride, aux yeux en amande, au corps que l'on devinait souple sous le drap raide qui leur couvrait une épaule musclée, dénudant l'autre pour leur permettre de manier l'arc ou la sagaie.

L'avion atterrit, grand oiseau blanc au flanc marqué du blason de la nation indienne, qui représente le pilier de la vérité de l'empereur Asoka. Les tribus arriérées allaient-elles s'effrayer de ce miracle de l'aérodynamique descendu du ciel, chargé de sa divinité démocratique? Allaient-elles courir se mettre à l'abri? Non. Sous leurs coiffures agitées par les turbulences, ces gens attendaient, immobiles, que l'équipage avance la petite passerelle sous les pieds du Premier ministre, tandis que se pressait la foule de photographes.

Le grand homme parut enfin, accueilli dans un silence si profond que les journalistes eux-mêmes se turent. Imprégné du sens de l'histoire, le chef du gouvernement descendit solennellement la passerelle, se disant que ce peuple guerrier se préparait à lui faire une haie d'honneur.

D'une certaine manière, il avait vu juste. En effet, à peine eut-il posé le pied sur la terre ferme que, tous ensemble, ils firent demi-tour avec une précision militaire en relevant leur sarong coloré. Le Premier ministre de l'Inde fut ainsi salué par des centaines de derrières nus.

CHAPITRE 14

Crise au sommet

L'Inde moderne est une vue de l'esprit.

Une vue de l'esprit en quête d'un gouvernement.

En cinquante ans, les aspirations de la génération précédente — liberté, égalité, non-violence — ont été transformées en chants des sirènes par ce que l'écrivain Nirad Chaudhari appelle le Continent de Circé. Un nom bien choisi pour un pays dont les séductions politiques ont fait de certains hommes et de certaines femmes de véritables porcs.

L'échelle de notre pays n'y est pas étrangère. Lorsque George V vint se faire couronner roi empereur à Delhi en 1911, il fut lui-même impressionné par la magnificence de son représentant. En effet, l'un des vice-rois avait fait remarquer : «L'empereur de Chine et moi-même régnons sur la moitié de la planète, et nous trouvons encore le temps de prendre le thé. »

De plus en plus, les leaders politiques de l'Inde préfèrent les plaisirs du thé et de la monarchie à ceux de leur fonction de gouvernants. Le pouvoir réfléchissant d'une terre aussi vaste engendre la mégalomanie chez ses élus. La démocratie a beau être en droit d'exiger des comptes, lorsque l'on se fait acclamer par des foules de cinq cent mille âmes il est facile de ne se croire tenu d'en rendre à personne.

La mégalomanie est aussi un moyen pratique d'échapper au changement vertigineux de notre pays.

Ce changement est en partie politique : les Indiens ne sont plus disposés à endurer les injustices du passé ; vivant en démocratie, ils refusent désormais de se laisser faire sans regimber.

Mais il est en partie aussi économique. En cinquante ans, nous n'avons pas su trouver un système de développement répondant à la fois aux besoins de notre peuple vociférant et d'un monde qui connaît une expansion scientifique et financière fulgurante.

Le chaos a de quoi intimider n'importe qui. Au lieu d'accomplir les devoirs liés à leur fonction, nos chefs se sont trop longtemps contentés de redéfinir les privilèges liés à cette même fonction, rendant la corruption si endémique que, de nos jours, gagner une élection équivaut à peu près à gagner à la loterie.

Les satiristes nous clouent au pilori, nous accusant, tandis que la Grande-Bretagne s'accommode d'une monarchie constitutionnelle, de jouir d'une démocratie héréditaire.

Pourtant, avec le recul du temps, il devient possible de retracer le chemin qui nous a conduits des rêves constitutionnels du Dr Ambedkar et de la politique non violente et incorruptible de Gandhi jusqu'à notre situation actuelle.

Troisième partie

CHAPITRE 15

Derniers sacrements

Je venais d'avoir cinq ans lorsque j'assistai à mon premier événement politique. Cette froide journée de janvier avait commencé normalement. Mon frère et moi jouions sous un soleil hivernal dans le jardin de notre maison de Delhi pendant que nos parents, assis dans la véranda, avaient branché le grand poste de radio en bois.

Nous n'écoutions jamais la radio ; nous la regardions, fascinés par le filet de bronze qui vibrait tandis que résonnaient les messages diffusés. Mais ce jour-là, mon père cria si fort et si soudainement « Non ! » que les domestiques sortirent voir ce qui se passait. Accourant à notre tour, nous trouvâmes notre mère en larmes. A notre grande surprise, les domestiques pleuraient eux aussi. Couvrant les crépitements de la radio, le journaliste répétait que le mahatma Gandhi venait d'être tué de trois balles dans le corps.

A notre âge, nous ne savions pas très bien qui était le mahatma Gandhi, ni même si c'était un humain ou l'une des nombreuses divinités indiennes. Plus tard, nous apprîmes qu'il avait été tué par un fanatique hindou alors qu'il se préparait à effectuer une marche pacifique près de la frontière indo-pakistanaise où, six mois après la partition, des millions de gens déracinés fuyaient le

115

déferlement de terreur et de barbarie ayant déjà coûté la vie à un million de personnes.

Après tant d'années, j'ai oublié le détail des événements ; je revois simplement mon père se précipitant dans la maison où Gandhi avait trouvé la mort. Ma mère, trop effondrée pour pouvoir sortir de chez elle, avait insisté pour que les servantes nous emmènent voir la procession qui devait accompagner le corps du mahatma jusqu'à son bûcher funéraire.

Ne comprenant pas très bien tout ce remue-ménage, nous courûmes avec les domestiques nous poster sur le passage du cortège funèbre. Une foule atypique encombrait déjà les trottoirs, agglutinée sur quatre rangs. Le silence régnait. Tout le monde portait du blanc en signe de deuil. Il n'y eut pas de bousculade, la ville entière était comme figée. Par sa mort, un seul homme suffisait à attester l'horreur et la sauvagerie qui, attirant à Delhi les réfugiés du Pakistan déchiré, en avaient quadruplé la population en l'espace d'une nuit.

Je me revois assise sur les épaules d'un adulte et regardant par-dessus les têtes, sans aucune crainte, au milieu d'une foule que les journaux — barrés de noir en signe de deuil national — devaient évaluer à un million et demi de personnes.

En silence, nous vîmes approcher le corbillard, sur lequel étaient perchés inconfortablement des gens âgés, nu-tête et habillés de blanc eux aussi. Le toit du camion était surmonté d'un petit tertre fleuri, au centre duquel une tête découverte signalait la présence du corps. C'était le premier cadavre que je voyais de ma vie. Comme il passait devant nous, des spectateurs rompirent les rangs et s'avancèrent pour lui lancer des fleurs, bénissant Gandhi à haute voix : « *Amar rahe* — reste immortel. »

Quelques heures plus tard, il ne resterait plus du mahatma qu'un petit tas de cendres, et notre Premier ministre annoncerait à la radio : « La lumière s'est éteinte de notre vie. »

En grandissant, j'appris le nom des vieillards juchés sur le corbillard ; je me rendis compte alors que j'avais assisté au défilé des combattants pour la liberté de l'Inde qui, ce jour-là, accompagnaient au bûcher le symbole de ce mouvement.

Je n'avais vu qu'un petit monticule fleuri de guirlandes de soucis. Rien d'effrayant comme spectacle, rien de pompeux non plus. Malgré notre très jeune âge, nous avions été sensibles à la dignité poignante de ce moment exceptionnel, rendu plus réel par son dépouillement même. Un simple camion, un corps entouré de gens pleurant en silence, exposé aux regards d'Indiens endeuillés et conscients que leur pays indépendant, en six petits mois d'existence, avait déjà perdu son innocence.

Des années plus tard, j'assistai à la projection de *Gandhi.* Dans son film, Richard Attenborough fait du cortège funèbre un défilé militaire en grande pompe, avec canons et rangées de soldats marchant au pas cadencé au son des roulements de tambour. Doutant de la fidélité de mes souvenirs et comprenant mal un tel écart avec ce que montrait la pellicule, je vérifiai auprès de l'un des petits-fils du mahatma.

« Il y a effectivement eu une brève cérémonie, admit-il, même si Gandhi-ji n'aurait jamais voulu que sa mort fasse l'objet d'un film. Ce sont Nehru et Mountbatten qui en ont eu l'idée. Pour les archives. »

Quelles archives ? me demandai-je. Des soldats ? Des canons ? Pour le disciple de la non-violence ? Tous ces uniformes, tous ces galons dorés pour l'homme qui avait osé porter un pagne lors de sa rencontre avec le roi empereur des Indes ? S'il existait une chose qu'il aurait abhorrée, qui puait un colonialisme qu'il avait tout fait pour chasser, c'était bien l'idée d'avoir des obsèques nationales.

Et pourtant, il avait fait l'un des gestes les plus marquants du siècle en insistant pour que lord Louis Mountbatten, dernier vice-roi britannique des Indes, soit invité par les Indiens eux-mêmes à devenir leur premier chef d'Etat. Demande excentrique mais logique. En effet, pendant des années, Gandhi n'avait vu aucune raison de bouter les Britanniques hors de l'Inde.

« S'ils sont capables de gouverner avec justice, avait-il déclaré au beau milieu du mouvement pour la liberté, qu'est-ce que ça peut bien faire ? »

Il ne changea d'avis qu'en voyant que l'autonomie restreinte promise par la Grande-Bretagne ne se concrétisait pas, et que l'empire refusait d'abolir l'impôt sur le sel dans un pays qui en avait besoin pour vivre.

Déclarant qu'il jugeait désormais les Britanniques incapables de gouverner avec justice, il écrivit au vice-roi : « A genoux, je vous ai demandé de nous donner du pain et vous m'avez donné des pierres. »

Puis il entreprit sa célèbre Marche du sel, jusqu'à la mer, où il voulait extraire le minéral illégalement. Son mouvement non violent de désobéissance civile allait sonner le glas du Raj britannique.

En invitant Mountbatten à devenir le premier chef d'Etat de l'Inde libre, Gandhi voulait apaiser la haine envers l'ancien colon. Il n'avait pas de respect particulier pour la race blanche, et jugeait tous les êtres humains égaux. Il réclamait justice, et c'est ce qui lui permit de se rendre à Buckingham vêtu d'un pagne. Mais Mountbatten et Nehru profitèrent de sa mort pour montrer au monde entier qu'ils savaient récupérer un événement national.

J'avais eu de la chance. Bien que très jeune, j'avais vu de son vivant le vrai mahatma, et non celui fabriqué pour les besoins de l'histoire, de la politique ou du cinéma.

118

Hélas, pauvre Gandhi, qui avait soutenu que le Congrès national indien était un mouvement pour la liberté et non un parti politique, et devait être dissous à la libération de l'Inde.

Qui nous avait montré que non-violence et humilité digne allaient de pair.

Qui avait cru les Indiens capables de se gouverner avec plus de justice que leurs colonisateurs.

Il n'avait pas encore atteint son bûcher funéraire que sa chance avait tourné.

CHAPITRE 16

Trouver le centre

A l'université de Bombay, j'étudiais et résidais chez des religieuses. Cela tranquillisait ma mère sur deux points essentiels : la formation était sérieuse et le chaperonnage sévère.

A la suite de circonstances bizarres, le couvent actuel avait abrité à l'origine le harem du maharajah d'Indore, dont le visage courroucé couronnait toujours les piliers de stuc rose, et l'œil désapprobateur surveillait nos espiègleries jugulées tant bien que mal par les sœurs.

Naturellement, donc, en voyant sur le panneau d'affichage un écriteau nous interdisant de nous rendre en ville où était annoncée une gigantesque manifestation, je sautai dans le premier bus pour l'endroit défendu. Jamais, auparavant, je n'avais participé à un événement politique important.

Cette manifestation marqua une étape décisive dans notre évolution démocratique. Tout au sud du pays, l'Etat de Kerala — celui au taux d'alphabétisation élevé — venait d'élire un Parlement à majorité communiste. L'élection s'était déroulée parfaitement dans les règles. Sans que l'on comprît pourquoi, Nehru l'avait annulée ; pourtant, le droit reconnu à chaque Etat de la république de choisir son gouvernement était inscrit dans notre Constitution. De fait, les Etats jouissaient d'une considérable autonomie par rapport au gouvernement central de Delhi, sauf en cas d'état d'urgence, or nous n'étions pas en état d'urgence.

L'idée que Nehru puisse trahir notre Constitution nous paraissait inconcevable. Il avait passé des années dans les prisons britanniques à réclamer la démocratie. Une fois cette démocratie assise, il avait conduit trois fois de suite le parti du Congrès à la victoire. Il était le seul Premier ministre que nous ayons jamais connu. Il nous avait encouragés à l'appeler Oncle Nehru, avait amélioré le style *khadi* de Gandhi en portant une rose à la boutonnière et élevait de jeunes tigres dans les jardins de sa magnifique résidence officielle.

Certes, il avait récemment dévoilé son tendon d'Achille en soutenant la nomination de sa fille, Indira Gandhi, à la tête du parti. Mais personne n'y avait vu les prémices d'un népotisme honteux qui, quinze ans plus tard, devait mettre fin à la démocratie dans le pays entier.

Nous ne connaissions pas encore assez bien l'histoire de l'Inde pour savoir que Nehru s'était fait lui-même introniser chef du Congrès national par son propre père en 1929, alors qu'il se rendait à une convention nationaliste. Le jeune homme avait, dit-on, rougi de honte quand on lui avait suggéré la manœuvre, mais son père l'avait si habilement convaincu de l'inutilité d'un vote que, le temps d'arriver à Lahore, Nehru était devenu docile comme un mouton.

Ignorant ces choses, nous ne nous inquiétâmes pas de voir ce même homme placer à son tour ce parti politique — si puissant qu'il était considéré, avec l'Eglise catholique, comme la plus grande formation au monde — entre les mains de sa fille unique, celle-là même qui l'avait poussé à annuler l'élection du Kerala.

Cet après-midi de 1959, l'immense foule rassemblée dans les jardins ovales de Bombay se préparait à manifester contre le premier acte majeur de corruption dans la vie publique de l'Inde libre. Bien que surtout avide de sensationnel et poussée par une fougue d'adolescente, je trouvais que Nehru et sa fille nous avaient fait un sale coup. Et, en rejoignant les deux cent mille manifestants, je me sentis envahie du sentiment gratifiant de faire corps avec eux. Peut-être n'était-ce qu'une grossière erreur politique, qui serait bientôt réparée.

Le temps était humide et le ciel couvert semblait peser sur la foule amassée dans le parc. Je me frayai un chemin entre des gens couverts de sueur, jusqu'aux premiers rangs de la manifestation. Des milliers de syndicalistes portaient des banderoles revendiquant la légitimité du communisme en matière de justice sociale. Il y avait des journalistes, des citoyens ordinaires opposés à une action qui leur rappelait trop les agissements de l'Empire britannique. Il y avait des gens venus du Kerala, choqués par l'atteinte portée à leurs droits démocratiques, et qui accusaient Nehru d'avoir dissous leur Parlement parce qu'il avait voté des lois redistribuant la terre.

L'ampleur du mouvement était telle que tous les policiers de Bombay avaient été mobilisés. Tout d'un coup, je me retrouvai entourée d'un cordon de manifestants m'enjoignant de partir. Je refusai avec véhémence : je voulais être au cœur de l'action. Les syndicalistes se montrèrent courtois mais fermes. On n'était pas là pour s'amuser, me dirent-ils. La police avait des gaz lacrymogènes et l'intention de s'en servir. Il y aurait de la panique, des manifestants tomberaient et risquaient de se faire piétiner quand les bombes atterriraient sur la foule compacte. Personne ne voulait prendre la responsabilité d'exposer une femme à des violences.

N'ayant plus guère le choix, j'acceptai de me faire escorter à la périphérie par les huit hommes qui se tinrent par les bras pour m'ouvrir un passage. Quelques minutes plus tard, les affrontements commençaient.

Les années suivantes, d'autres manifestations eurent

lieu pour protester contre des dissolutions d'Assemblées locales, mais ces fois-là la police n'attendit plus que les femmes et les enfants aient été évacués pour ouvrir le feu.

D'amère expérience, nous devions apprendre que la pression d'un pouvoir centralisé pouvait faire craquer toutes les coutures du manteau de la république, le déchirant sous la tension de ses trop grosses différences.

CHAPITRE 17

« Culture du Congrès »

Après mes études à l'université de Cambridge, je retournai à Bombay où, lors d'une réunion universitaire, je rencontrai un poète qui m'invita à prendre le thé chez lui. Il me donna des instructions précises pour trouver sa maison. Sa pauvreté le condamnait à vivre dans l'immense bidonville qui s'étend de part et d'autre de la route de l'aéroport et qui compte, selon les estimations, de cinquante à cent mille habitants.

Né dans la plus basse caste hindoue, ce poète s'était converti au bouddhisme, imitant à dix ans d'intervalle le Dr Ambedkar qui avait montré l'exemple à cinq cent mille intouchables. Il était maintenant un « Dalit », un opprimé. Plus encore, il était une Panthère Dalit.

Son credo, c'était le célèbre discours du Dr Ambedkar aux intouchables qui, après cinq ans de manifestations non violentes, n'avaient toujours pas le droit de mettre les pieds dans un temple hindou.

« Si vous voulez retrouver votre dignité, disait Ambedkar, changez de religion.

« Si vous exigez l'égalité, changez de religion.

« Si vous recherchez le pouvoir, changez de religion.

« Une religion qui interdit la solidarité entre hommes n'est pas une religion mais une pénalisation.

« Une religion qui considère comme un péché la

reconnaissance de la dignité humaine n'est pas une religion mais une perversion.

« Une religion qui permet de toucher un animal répugnant mais pas un être humain n'est pas une religion mais une folie. »

A Bombay, ce discours musclé avait été adopté par des intouchables éduqués ; ils s'étaient convertis au bouddhisme, puis avaient formé un mouvement militant en adoptant le nom de Panthères Dalit.

Le terme de « panthère » ne m'était pas inconnu. Pendant mes études en Angleterre, la guerre du Vietnam faisait rage, les manifestations étaient quotidiennes et l'opinion étudiante majoritairement acquise à la cause des Panthères noires, ces militants noirs d'Amérique.

De retour en Inde, je découvris que les étudiants lisaient eux aussi *Des âmes sur la glace,* d'Eldridge Cleaver, un militant emprisonné, et que les femmes défilaient souvent sous les fenêtres de l'ambassade américaine en brandissant des pancartes qui réclamaient : LIBÉREZ ANGELA DAVIS.

Et finalement, en 1969, je me trouvais prenant le thé avec une Panthère Dalit dans une cahute faite de tôles, de bouts de bois, d'affiches au rebut et de sarongs déchirés, bref, de tout ce qui pouvait protéger de la mousson. Et la pluie s'abattait avec une telle force sur le camp qu'elle en inondait les allées et les transformait en torrents de boue charriant toutes sortes de matériaux de construction.

Pendant que le poète s'accroupissait sur le sol pour faire chauffer de l'eau sur un brûleur à essence, je m'assis sur une planche posée sur des briques et examinai la pièce à la dérobée. Chaque chose avait sa place. Quelques vêtements étaient suspendus à une corde tendue entre deux poteaux en travers du petit espace. Au-dessus du brûleur, une photo du Dr Ambedkar était clouée sur la paroi de fer-blanc.

Mon hôte ouvrit un petit coffre dont il sortit un paquet de thé et deux gobelets d'acier. Jetant un coup d'œil par-dessus son épaule, j'y découvris des livres et des papiers bien empilés d'un côté, des ustensiles de cuisine et des sachets en papier pleins de riz, farine, lentilles, de l'autre.

« On peut accuser les Britanniques d'avoir appliqué le principe de diviser pour régner en Inde, mais le parti du Congrès l'a bien peaufiné, lâcha-t-il avec colère pendant que le thé infusait. Quant à la culture de ce parti… » S'étranglant de rage, il ne termina pas sa phrase.

Ce n'était pas nécessaire. J'avais compris ce qu'il voulait dire. Après vingt ans d'un pouvoir jamais remis en question, le grand Congrès national indien était moribond. Ses leaders se chamaillaient pour leurs privilèges, son bureau avertissait les membres que « le parti est déchiré par des luttes intestines et des complots rampants. Les dissensions et les accusations mutuelles dressent le peuple écœuré contre le Congrès ».

Me tendant un gobelet, le poète laissa libre cours à sa rage contre ce qu'il appelait la « culture du Congrès » ; c'était une pratique d'intimidation par laquelle les politiciens cyniques s'accrochaient au pouvoir en exploitant les peurs des minorités — musulmans, basses castes, bouddhistes, chrétiens.

« Envisagez-vous de vous lancer dans la politique ? lui demandai-je.

— Un homme pauvre comme moi ? me répondit-il, incrédule. Quelle chance aurais-je contre l'argent et l'entregent de ces politiciens qui règnent sur nous comme des rois ? »

Tandis qu'il s'approchait du petit réchaud pour remettre de l'eau à chauffer, je relevai subrepticement mon sari pour éviter de le salir dans l'eau qui courait maintenant en petits ruisseaux sur le sol.

Le poète se retourna et me vit. Il agita les bras en signe

d'impuissance devant la misère noire du camp, les coulées d'eau, le bout de tissu trempé qui masquait l'entrée de sa hutte.

Me désignant du doigt le portrait du Dr Ambedkar, il me confia non sans amertume qu'il s'était fait tatouer le drapeau national sur les fesses parce qu'il trouvait la Constitution tout juste bonne à torcher le cul de la nation.

« Le Dr Ambedkar s'est trompé, me dit-il. Il ne sert à rien de changer de religion, ni même d'aller aux urnes. Pour les gens comme nous, le pouvoir ne peut sortir que du canon d'un fusil. »

CHAPITRE 18

Non-violence

En 1978, un magazine indien me demanda de me rendre en Assam, un Etat situé près de la frontière nord-est et peuplé de vingt millions d'âmes, pour écrire un article sur le plus ample mouvement non violent déployé en Inde depuis la résistance de Gandhi à l'Empire britannique

Nous avions beau avoir chassé les Britanniques par la non-violence, notre première leçon de liberté nous avait été donnée dans un bain de sang, lors de notre séparation d'avec le Pakistan. Mon voyage en Assam m'apprit que nous n'en avions guère tiré d'enseignements.

Avec ses rizières s'étendant jusqu'au Bangladesh d'un côté et ses collines boisées montant jusqu'à la frontière chinoise de l'autre, cet Etat n'est relié au reste du sous-continent que par une mince langue de terre. Voulant attirer l'attention du pays entier, des centaines de milliers de personnes s'étaient rassemblées dans un mouvement non violent. Actifs depuis près d'un an déjà, ils avaient fait fermer écoles, usines et boutiques, ainsi que la plus grande raffinerie de pétrole de l'Inde.

J'atteignis Dispur, la capitale, au crépuscule. Dès mon arrivée, je me rendis à un temple bâti sur une colline et qui était le lieu de pèlerinage le plus saint de l'Assam.

Debout sur la hauteur surplombant le superbe Brah-

128

mapoutre, j'essayai de comprendre ce mouvement, dont les rangs s'augmentaient chaque jour de nouveaux venus prêts à défendre une terre décrite dans les brochures touristiques comme le « pays de la Rivière rouge et des Collines bleues ».

Dans la cour du temple, un frangipanier saupoudrait le dallage sombre de fleurs blanches dont les gracieux pétales hexagonaux tournoyaient sur fond de ciel assombri. En contrebas, le soleil couchant faisait ressortir en rouge les îles jalonnant le vaste cours d'eau. Des bateaux à vapeur datant de l'Empire, et portant toujours leurs vieux panneaux *Jardine Henderson,* fendaient les eaux cramoisies du grand fleuve tandis que, sur la rive opposée, la brume envahissait les villages de pêcheurs. À l'intérieur du temple, le prêtre avait commencé les dévotions vespérales et psalmodiait une mélopée mélancolique évoquant l'époque où l'Assam avait été séparé du reste de l'Inde.

Nous n'avions pas fait grand-chose pour dissiper ce sentiment d'isolement. En 1962, lors de l'invasion de notre pays par l'armée chinoise, Nehru avait retiré de cet Etat occupé nos troupes insuffisamment armées, tout en faisant à la radio cette déclaration infâme : « Mon cœur saigne pour les Assamis. »

Puis, en 1971, la guerre dont était né le Bangladesh avait refoulé à l'intérieur de nos frontières des vagues de réfugiés éprouvés par les combats. Ils étaient toujours là, et les Assamis protestaient contre ce qu'ils considéraient comme une nouvelle forme d'occupation. Mais Indira Gandhi avait déclaré que ce mouvement était l'œuvre d'agitateurs étrangers et envoyé l'armée disperser les manifestants et rouvrir la raffinerie.

Je fus donc de tout cœur avec le jeune ingénieur qui s'indignait : « Nous essayons de repousser une invasion et la fille de Nehru envoie l'armée tirer sur nous ! Elle est folle ou quoi ? Est-ce notre faute si les millions d'étrangers qui occupent notre Etat aujourd'hui ne parlent pas chinois ? »

Mais en regardant les lanternes danser sur les bateaux à vapeur tout en bas et le fleuve sombrer peu à peu dans l'obscurité, je me demandai combien de temps encore le mouvement se limiterait à tenter de refouler les étrangers. Lui faudrait-il longtemps pour se retourner contre les Indiens ?

Le lendemain, en arrivant en voiture à la raffinerie, je tombai sur de grands panneaux sur lesquels on pouvait lire : ENTRÉE INTERDITE. ACCÈS LIMITÉ AU PERSONNEL AUTORISÉ. Obéissant à ces injonctions peu amènes, nous nous arrêtâmes. Un gardien sortit, portant un grand registre dans lequel le chauffeur inscrivit les renseignements demandés. *Heure. Nombre de visiteurs.* Sous la rubrique *Objet de la visite,* il marqua d'une main soigneuse : *Piquet de grève.* J'empruntai le registre et en feuilletai les pages. Partout se répétait ce motif prétentieux : *Piquet de grève.*

Pourtant, en pénétrant dans l'enceinte des installations, je ne m'attendais pas à y trouver les foules qui s'y pressaient. Il y avait des gens partout : dans les vérandas, sur l'herbe, partout où un peu d'ombre les protégeait d'un soleil de plomb. Des banderoles annonçaient la raison du conflit : D'ACCORD POUR DONNER NOTRE SANG MAIS PAS NOTRE PÉTROLE. Sous un portrait du mahatma Gandhi, une cocarde reproduisait ces mots : FAITES RESPECTER MES ENSEIGNEMENTS. FAITES RESPECTER LA CONSTITUTION. NE ME TUEZ PAS UNE SECONDE FOIS EN TIRANT SUR DES GRÉVISTES PACIFIQUES.

Des milliers de jeunes gens étaient allongés en rang par terre. Habillés de sarongs pour être plus à l'aise, ils avaient fait provision de cigarettes, radios et magazines pour agrémenter une nouvelle nuit de désobéissance civile. En face d'eux, dans un long bâtiment de deux étages, un grand nombre de femmes préparaient à manger. Un homme armé d'un mégaphone indiquait aux nouveaux arrivants où trouver de l'eau, les toilettes ou un endroit pour dormir.

Des autocars déversaient des vagues de grévistes près d'un mur sur lequel des collégiennes, assises jambes pendantes au-dessus d'un ruisseau, comparaient leurs boucles d'oreilles en gloussant.

Je leur demandai si elles avaient eu du mal à convaincre leurs parents de les laisser venir à un piquet de grève.

« Et comment ! Ils nous ont répondu qu'il y avait trop de garçons, et que si nous passions la nuit ici, notre réputation serait fichue. Qu'après, nous ne trouverions jamais de mari. »

Les fous rires redoublèrent, puis je leur demandai ce qu'elles pensaient de l'intervention de l'armée pour disperser les piquets et faire tourner l'usine.

« Je serais fière de mourir pour notre cause, me dit l'une d'elles avec une conviction absolue. Nous avons fait le vœu du sacrifice suprême.

— L'armée ne nous fait pas peur, renchérit une deuxième dont le père était prêtre au temple. Pourquoi nous traiterait-elle avec violence alors que nous sommes non violents ? »

Parce que l'Inde a grand besoin de pétrole, répondis-je en mon for intérieur.

Pourtant, un responsable des grévistes se laissa courtoisement féliciter pour sa fantastique organisation.

« Mais nous ne sommes pas vraiment organisés, me dit-il avec fierté. Les choses se sont plus ou moins faites toutes seules. N'est-ce pas Oscar Wilde qui a dit : "La crise n'a pas besoin de répétition" ? Notre mouvement est une réponse populaire spontanée à une situation de crise.

— Le chaos non plus n'a pas besoin de répétition, lui fis-je observer.

— Le chaos? Que peut l'armée contre une telle foule?» Il se pencha vers moi et, sur le ton de la confidence : «Vous savez, me dit-il, lors des premières réunions, nous avons demandé aux gens de cesser d'aller au cinéma et de fumer tant que nous n'aurions pas chassé tous les étrangers de chez nous. Ils ont refusé. Ensuite, nous leur avons demandé s'ils étaient prêts à donner leur vie. Tout le monde a crié oui.»

J'allumai aussitôt une cigarette. Qui étais-je donc pour contredire les centaines de milliers de personnes qui trouvaient plus facile de donner leur vie que d'arrêter de fumer?

D'ailleurs, peut-être est-il plus facile de renoncer à vivre ou à fumer que de renoncer à la colère, comme le montre l'exemple de ce professeur d'université qui n'était pas lui-même assami, et qui s'indignait : «Pacifique? Ce mouvement? Demandez donc à ma femme!»

La femme, qui servait le thé, m'expliqua : «Moi qui ai vécu un peu partout en Inde, il a fallu que je vienne habiter ici pour apprendre que j'étais bengalie et non indienne. Quand je vois ce qui se passe, je me demande où ça va s'arrêter. Des femmes que j'ai fait sauter sur mes genoux quand elles étaient petites laissent leurs enfants venir se planter devant ma porte en criant : «Dehors, chienne de Bengalie!»

Son mari ajouta avec lassitude : «Comme je dis à mes étudiants, une fois qu'on se sent appartenir à une région plus qu'à une autre, on commence à se priver des richesses du reste du pays. Malheureusement, le mouvement actuel est alimenté par les passions. C'est la porte ouverte à toutes sortes de choses.»

Quel genre de choses, j'en eus une petite idée deux jours plus tard. Ce vaste et — en général — pacifique mouvement renfermait néanmoins le fanatisme et la rhétorique simplistes susceptibles de dégénérer en violence. Un soir, j'atteignis sous un ciel d'orage un village qui avait déjà fait les frais de cette rhétorique. Dans une hutte de torchis bondée, les insectes bourdonnaient autour d'une unique lampe tempête; des enfants aux yeux rendus immenses par cette lumière chiche écoutaient, terrifiés et fascinés, les récits des adultes. Dehors, des nuées de lucioles brouillaient la nuit. Autour de moi, les voix se mirent à psalmodier une litanie d'atrocités.

« Dans le village voisin, ils ont battu dix-sept hommes à mort parce que leurs ancêtres n'étaient pas d'ici.

— Nous avons eu de la chance. Nous avons repoussé la première vague de tueurs avec des bambous. Ensuite, d'autres personnes, blessées, sont accourues vers nous en réclamant notre aide. Ensemble, nous étions suffisamment nombreux pour effrayer les assaillants.

— Hier soir, vingt-huit villages ont été incendiés. Pourquoi? »

Pourquoi, en effet? Qu'était-il arrivé au pluralisme dont l'Inde était si fière? Qu'était devenue la non-violence?

CHAPITRE 19

De bonnes ménagères

Lors de mon voyage en Assam, le pays dont le credo était la non-violence avait déjà subi trois guerres en dix ans; j'avais été témoin de la dernière.

En 1971, sous Indira Gandhi, nous nous étions battus contre le Pakistan, dont la partie orientale, mutinée, était devenue le Bangladesh. Couvrant l'événement pour la télévision, j'avais vu les soldats indiens se faire accueillir par une population en délire. J'avais vu les glaïeuls et les cannas de couleurs vives que l'on enfonçait dans le canon des fusils à la place des baïonnettes.

En compagnie du général juif indien qui avait rédigé les termes du cessez-le-feu, j'avais vu un général sikh accepter la capitulation de l'armée ennemie. Avec un profond soulagement, j'avais constaté que nos jeunes soldats obéissaient à leur officier chrétien et montraient du respect pour les jeunes femmes du Bangladesh, retenues par les troupes d'occupation haïes pour leur tenir compagnie dans les tranchées.

Bientôt l'armée indienne allait de nouveau se distinguer en sauvegardant l'honneur de femmes, mais cette fois-ci ce seraient des Indiennes.

C'était en 1975, en pleine révolution. Le conflit, interne, concernait une élection au Gujerat. Le Gujerat est un Etat de paysans et petits artisans durs au travail;

mais, le coût de la vie étant trop élevé pour eux, leurs femmes s'étaient mises à manifester.

Le mouvement contre la vie chère avait commencé pacifiquement. Lieu de naissance du mahatma Gandhi, le Gujerat avait fait de la non-violence sa seconde nature. La contestation en question émanait des ménagères d'Ahmedabad, la capitale. Elles sortaient sur le pas de leur porte au coucher du soleil, à l'heure où elles auraient dû allumer les lampes devant les dieux lares avant de commencer à préparer le repas du soir.

Incapables de joindre les deux bouts et de nourrir leur famille, ces femmes attendaient l'allumage des réverbères pour manifester leur mécontentement en tapant sur leurs plateaux de métal, leurs *thalis*, avec des rouleaux à pâtisserie.

Cette pratique s'étendit rapidement à tout l'Etat. En l'espace de quelques jours, la presse nationale eut baptisé la colère des femmes la Révolution des *thalis*. Sans autre signal que le coucher du soleil, sans autre provocation que les prix exorbitants, dans tous les coins et recoins de l'Etat, des petits villages aux ports et aux mines de diamants, les femmes du Gujerat frappaient sur leurs *thalis*, produisant un vacarme si épouvantable que l'Etat entier résonnait de leur protestation.

Même si le bruit ne parvenait pas jusqu'à Delhi, au bout d'un bon mois de ce régime Indira Gandhi commença à s'inquiéter. Sans compter qu'un deuxième sujet de préoccupation — le cauchemar du politicien — s'ajoutait au premier.

Un homme du nom de Raj Narain accusait le Premier ministre d'avoir truqué son élection au Parlement. Contestant le scrutin, il prétendait que Mme Gandhi avait détourné des fonds publics et corrompu des fonctionnaires pour pouvoir le battre. Il s'était ceint le front d'un bandana vert et laissé pousser la barbe, faisant le vœu de ne plus se raser tant que les tribunaux n'auraient pas annulé l'élection du Premier ministre au Parlement.

Au début, on n'avait vu en lui qu'un clown cherchant à nuire au Premier ministre, qui jouissait alors de l'admiration de toute la population. Mais, ensuite, Indira Gandhi s'était mise à accumuler les erreurs. Elle avait fait accorder à son fils cadet, Sanjay, qui manquait totalement d'expérience, une licence gouvernementale permettant à sa société Maruti de produire cinquante mille «voitures du peuple» par an. Les autres constructeurs automobiles indiens n'avaient jamais pu obtenir une telle licence. Un terrain de cent soixante hectares fut réquisitionné dans la banlieue de Delhi pour accueillir les usines, expulsant les habitants de trois petites villes. Sous la pression, les institutions financières publiques furent forcées d'accorder à Maruti des prêts sans garanties à mesure que les projets successifs de la société se soldaient par de cuisants échecs. La Reserve Bank of India, ou Banque centrale, dut finalement intervenir en demandant aux organismes prêteurs de cesser ces prêts sous peine de saper la politique bancaire du pays. Entre-temps, on découvrit qu'une autre société appartenant à Sanjay et à son frère aîné Rajiv ainsi qu'à leurs épouses jouait le rôle d'intermédiaire dans des contrats publics.

Au Parlement, toutes les formations politiques exigeaient une enquête judiciaire sur ce qu'elles s'accordaient à juger comme «une honte pour la démocratie», «de la corruption et du népotisme», «une corruption sans bornes». Un jour de 1973, devant le refus opposé par le Premier ministre à toutes les tentatives d'ouverture d'enquête, l'opposition parlementaire exprima son mécontentement en quittant en bloc la séance à la Chambre.

En 1975, les Indiens étaient donc déjà plus réceptifs aux accusations répétées de l'homme au bandana vert. Et parmi eux, plus que les autres, peut-être, les femmes frappant sur leurs *thalis* dans tout le Gujerat, où se préparait une élection.

Ebranlée par les protestations de Raj Narain, la population était bien déterminée à ne pas se faire déposséder des résultats légitimes de son vote.

La date approchant, on se mobilisa pour monter la garde toute la nuit près des urnes, pour former des cordons de femmes et d'enfants autour des bureaux de vote de façon à éviter une manipulation des bulletins à la faveur de la nuit, et enfin, le jour venu, pour assister au dépouillement.

C'en fut trop pour le Premier ministre. Parlant, à propos de la Révolution des *thalis*, d'un complot de la CIA puis d'un complot d'Amnesty International — bouc émissaire tout désigné pour une paranoïaque —, elle envoya l'armée ramener à l'obéissance les mères de famille du Gujerat.

Si, à l'instar de leurs frères des tribus vingt ans plus tôt celles-ci avaient solennellement montré leur derrière au symbole de l'impérialisme de Delhi, qui sait comment se serait terminé l'incident ? Elles préférèrent continuer de sortir sur le pas de leur porte au crépuscule en frappant sur leurs *thalis* avec leurs rouleaux à pâtisserie, rendant à moitié sourds les soldats bien embarrassés.

Ce ne sont pas des ménagères, tempêtait le Premier ministre depuis Delhi. Ce sont des agents provocateurs. Employez les gaz lacrymogènes, des balles en caoutchouc, oui, des balles réelles, et mettez fin à cette menace qui pèse sur la sécurité de la nation.

Alors, les officiers de l'armée ordonnèrent à leurs troupes de répéter un geste que l'on n'avait vu faire qu'une seule fois dans l'histoire du pays : à l'époque où les nationalistes produisaient du sel illégalement pour défier les lois coloniales, un officier britannique avait ordonné aux Royal Garhwal Rifles de tirer sur les manifestants pacifistes. Les Garhwal Rifles avaient refusé d'exécuter cet ordre.

Lorsqu'elles reçurent les directives du Premier ministre, les troupes refusèrent à nouveau de pointer leurs armes sur les manifestantes et firent savoir à Delhi que l'armée indienne ne tirait pas sur les citoyens indiens.

CHAPITRE 20

Démocratie héréditaire

Pendant les vingt-cinq premières années de notre histoire moderne, nos élus se comportèrent comme des serviteurs du peuple préoccupés du salut de la nation.

Mais une fissure était déjà apparue dans notre démocratie flambant neuve : Nehru avait dissous l'assemblée d'un Etat, créant un précédent qu'allaient exploiter ses successeurs dès qu'ils se sentiraient menacés.

Quant à notre prétendue non-violence, l'orgueilleux Nehru nous avait engagés dans une guerre contre la Chine, le doux Shastri dans un premier conflit avec le Pakistan et Mme Gandhi dans un second, qui allait donner naissance à la nation du Bangladesh.

Après avoir scindé le Congrès national et conduit sa principale faction à une victoire écrasante grâce au slogan Halte à la pauvreté, Mme Gandhi, arrivée au sommet de sa popularité, prit un esprit dynastique, redoutant toute opposition politique.

Bafouant les principes démocratiques, elle dissolvait les gouvernements des Etats selon son bon vouloir et promouvait à de hautes fonctions des familles non élues. Pour ratifier son comportement de plus en plus erratique, elle manipulait des politiciens sans éclat mais obéissants, qu'elle nommait aux plus hauts postes du pays.

« Si elle m'avait demandé de nettoyer ses latrines, fit observer naïvement l'un des gouverneurs, je l'aurais fait. Mais elle m'a demandé de devenir président de l'Union. »

L'Inde passait d'un gouvernement démocratique à une monarchie entourée de courtisans. Bientôt elle tournerait à l'Etat policier.

Pendant les vingt années suivantes, les Indiens horrifiés et incrédules verraient leurs politiciens nouer, pour se maintenir au pouvoir, des alliances de plus en plus douteuses qui se termineraient dans des bains de sang leur coûtant souvent la vie.

Née d'un rêve de non-violence, l'Inde serait bientôt un pays de barbouzes et d'assassins armés, un pays plein de vitres blindées, de cordons de police et de bombes.

Orchestrant une corruption publique en croissance exponentielle, nos leaders s'appuieraient, pour assurer leur succès électoral, sur des criminels qui entreraient bientôt à leur tour au Parlement.

La riche diversité dont dépendait notre survie serait retournée contre nous — caste contre caste, communauté religieuse contre communauté religieuse —, jusqu'à ce que la haine devienne le ciment de notre démocratie.

Quant à l'armée — troisième armée permanente du monde, force d'engagés volontaires si fière de ses états de service —, ces leaders en feraient un instrument impitoyable dans des bras de fer avec le peuple qui rendraient la tragédie inévitable.

CHAPITRE 21

Mouvements de masse

Une nuit de l'été 1975, alors que le pays entier dormait, le Premier ministre mit fin à la démocratie en Inde. Indira Gandhi déclara l'état d'urgence pour «défendre l'unité et l'intégrité de l'Inde».

J'aimerais que l'on m'explique ce qui avait menacé l'intégrité de l'Inde! Le 12 juin, un tribunal avait déclaré Indira Gandhi coupable d'«utiliser les fonctionnaires à des fins électorales personnelles». Elle avait été frappée d'inéligibilité pour six ans. Vu l'importance des fonctions qu'elle exerçait, elle avait bénéficié d'un délai de vingt jours pour faire appel auprès de la Cour suprême, mais était déchue de ses fonctions de Premier ministre.

«Une semaine, c'est long en politique», a dit un jour le Premier ministre britannique Harold Wilson. Et vingt jours, donc, pour un leader politique se sentant encerclé?

Le compte à rebours avait commencé. Le 16 juin, à trois heures du matin, la police de Delhi conduisait en prison, menottés, les opposants politiques de Mme Gandhi. Cette même nuit, toutes les rotatives d'imprimerie furent privées d'électricité. Lorsque le courant revint, la presse censurée publia dans ses rubriques nécrologiques des pages blanches bordées d'un filet noir, annonçant la mort de la liberté en Inde.

141

Une semaine plus tard, le Président déclara que le pays menacé était désormais placé sous la protection du *Maintenance of Internal Security Act*, un décret visant à maintenir sa sécurité intérieure. Les citoyens détenus ne pouvaient plus connaître leurs chefs d'inculpation, ni invoquer l'*habeas corpus*, par lequel leur était garanti un droit de visite dans le but de s'assurer qu'ils étaient en bonne santé et même en vie.

Cette proclamation fut suivie par une série de raids et d'arrestations nocturnes — opposants politiques, membres dissidents du parti du Congrès, étudiants, ouvriers, journalistes, enseignants, juges, leaders syndicaux furent embarqués avec des milliers d'innocents qui se trouvaient là par hasard, et même avec un goupe de hippies éberlués.

Les écrits de Gandhi, de Nehru et d'autres patriotes indiens sur le droit à la liberté furent proscrits, le journal fondé par le mahatma interdit de parution par décret.

Une fois la moitié des élus de la nation emprisonnés, la Constitution reçut quatre amendements. Le premier visait à empêcher toute remise en question légale de l'état d'urgence.

Le second annulait rétroactivement le jugement de corruption prononcé contre Mme Gandhi et privait désormais les tribunaux de leur pouvoir juridique sur les malversations électorales d'un Premier ministre.

Le troisième accordait au Premier ministre de l'Inde l'immunité permanente contre toute procédure civile ou pénale liée à des actes commis non seulement pendant l'exercice de ses fonctions, mais même avant et, pour plus de sûreté, après.

Le quatrième était particulièrement difficile à avaler. Maintenant que les citoyens étaient privés de leurs droits fondamentaux, ils se voyaient imposer une liste de devoirs fondamentaux.

142

Châtrée de son pouvoir constitutionnel, la Cour suprême cassa le jugement prononcé contre Mme Gandhi. Seul le juge Khanna, en passe d'être nommé président de la Haute Cour de justice, fit remarquer que ces amendements à la Constitution étaient totalement dénués de sens, vu que priver une personne de sa vie ou de sa liberté sans en référer à la loi équivalait à abolir la distinction entre un Etat de droit et une dictature.

Comme pour illustrer ses propos, les bureaux de plus de deux cents avocats rebelles de Delhi furent rasés jusqu'au sol. Revêtues de leur toge noire, les victimes entamèrent une marche silencieuse en direction de la Cour suprême : elles furent très vite arrêtées pour pillage et pyromanie.

Mais aux pauvres qui s'indignaient de voir leurs maisons détruites pour embellir la ville, on n'avait fourni aucun motif d'arrestation. Ces gens-là n'avaient aucun recours non plus contre le contrôle des naissances, un nouveau programme imposant aux fonctionnaires des quotas de stérilisation qu'ils étaient obligés de respecter s'ils voulaient obtenir une promotion, ou même conserver leur emploi.

Il y eut des rafles dans les villages ; les policiers traquèrent les citadins pauvres, les gens moururent des suites d'opérations bâclées, les médecins qui osèrent protester contre le manque d'hygiène furent emprisonnés. Entre-temps, télévision et radio nationales clamaient *urbi et orbi* que le pays ne s'était jamais aussi bien porté. Et en effet, pour chaque stérilisation, on distribuait un poste de radio.

Inéluctablement, hélas, Mme Gandhi forma son jeune fils Sanjay à exercer sans passer par les urnes un pouvoir absolu sous le seul contrôle de sa mère. De manière tout aussi prévisible, ayant fait taire toute dissension, le Premier ministre et son fils crurent voir dans les immenses rassemblements organisés des marques spontanées d'adulation. De l'autre côté de la frontière, le Pakistan se rendait aux urnes.

Déterminée à prouver au monde entier qu'elle exprimait la voix de l'Inde, assurée d'une victoire par les rapports de ses services secrets, Mme Gandhi provoqua une élection surprise pour légitimer ses actes. A six semaines des élections, la plupart des leaders politiques étaient toujours emprisonnés. Pour prouver que ce scrutin n'était pas une mascarade, ils furent mis en liberté conditionnelle, avec obligation de signaler leurs déplacements à la police locale et interdiction de voyager.

Tout permettait de penser que le Premier ministre gagnerait. Les stations de radio et les chaînes de télévision nationales diffusaient la propagande gouvernementale. Les journaux étaient censurés. Certain que les intérêts individuels lui assureraient le succès électoral, le gouvernement entreprit d'augmenter les salaires de millions de petits fonctionnaires — instituteurs, ouvriers, employés de l'armée ou de l'administration.

Chacun savait — bien que n'en parlant pas de peur de se faire dénoncer — que l'avenir de l'Inde allait se jouer lors de ce scrutin. Ce que le mahatma Gandhi avait réussi dans les années trente avec sa Marche du sel, il fallait le reproduire quarante ans plus tard par une gargantuesque manifestation silencieuse. Et avec six petites semaines pour la préparer.

Pendant cette période, j'assistai à Delhi à plusieurs rassemblements dont j'entendais parler de bouche à oreille et que je vis grossir en ampleur, preuve que l'efficacité du téléphone arabe vaut bien celle de l'électronique lorsqu'il y a un message important à faire passer. Tandis qu'Indira Gandhi discourait dans les parcs de la ville protégés par tous les dispositifs de l'Etat — cordons de police, estrades monumentales, transport gratuit pour les publics réticents —, nous nous pressions pour écouter nos leaders en liberté surveillée, qui, tels les orateurs de Hyde Park, nous haranguaient juchés sur des caisses retournées et munis d'un simple mégaphone.

Sur le chemin de l'université, je m'arrêtai pour écouter la redoutable Mme Pandit, avec ses cols Mao et ses rinçages capillaires, nous exhorter à voter pour la liberté. Bien que sœur de Nehru, elle n'avait pas bénéficié du népotisme. Elle avait été la première femme à présider l'Assemblée générale des Nations unies et s'était distinguée dans la lutte pour la liberté de son pays. Et aujourd'hui, malgré ses quatre-vingts ans passés, Mme Pandit était sortie de sa retraite politique et tenait des meetings dans toute la capitale, car elle était effarée que sa nièce puisse ainsi bafouer le processus démocratique en Inde.

Alors qu'elle faisait un jour un discours en hindoustani, elle remarqua l'arrivée d'équipes de cameramen. Elle s'interrompit pour savoir d'où ils venaient. Apprenant que c'étaient des reporters européens, elle continua son discours passionné sur la liberté mais le traduisit en anglais, en allemand et en français pour les télévisions étrangères. Un véritable tour de force. Devant une sophistication aussi naturelle, il y avait de quoi être fier de sa nationalité.

Puis, quelques jours seulement avant les élections législatives, un meeting se tint de nuit à l'intérieur de la vieille ville, dans la grande mosquée du Vendredi construite en face du fort Rouge par les empereurs moghols. Depuis cinq cents ans, tous ceux qui rêvaient d'hégémonie nationale lorgnaient ce quartier de Delhi. C'était là que les soldats britanniques victorieux avaient établi leurs baraquements sur le harem du dernier empereur, puis, au moment de l'indépendance, que le drapeau indien avait flotté pour la première fois à la place du drapeau britannique.

Même si le soleil était couché depuis longtemps lorsque j'arrivai au meeting, les foules affluaient toujours

145

vers la mosquée. De façon à décourager le rassemblement, tout le quartier avait été privé d'électricité par les services municipaux, si bien que, pour une fois, le bâtiment imposant dominait les rues étroites où se pressaient des femmes voilées. Le voisinage se composait en majorité de musulmans qui occupaient toujours les maisons de leurs ancêtres, des bâtisses du XVIe siècle avec cours intérieures, balcons de pierre ajourés et escaliers étroits. Depuis deux longues années, ils subissaient les excès de l'état d'urgence — ils avaient vu leurs aïeux respectés ou de jeunes garçons prépubères se faire stériliser de force pour remplir les quotas gouvernementaux ; ils avaient vu des boutiques se faire broyer par des bulldozers implacables.

Ce soir-là, l'obscurité, qu'éclairaient des lampes à pétrole et des torches immenses, ajoutait une note lugubre mais presque magnifique à l'événement. La grande mosquée nous apparut telle que devaient la voir les empereurs moghols : au-dessus de nous, ses contours massifs se dressaient de toute leur hauteur, libérés des enseignes au néon qui illuminaient d'ordinaire les bazars et le dédale de ruelles. L'édifice était entouré de maisons à deux ou trois étages. Des femmes en volumineux burnous s'entassaient sur les balcons plongés dans la pénombre, tel le public d'une salle de théâtre, silhouettes floues sous les plis de l'étoffe noire.

Nous ne trouvâmes pas de place sur les larges escaliers de pierre montant vers l'estrade où se tenaient les orateurs, le visage déformé d'ombres grotesques par les lanternes. Nous les entendions mal, mais les reconnaissions à leur silhouette. L'imam de la mosquée, porte-parole des musulmans, était à côté du leader des hindous de droite. Ennemis jurés depuis la guerre du Pakistan, ils se vouaient une haine viscérale. Et pourtant, ils s'étaient rejoints pour nous exhorter à exercer nos droits démocratiques. La plus grande snob du pays, Mme Pandit, dont les cheveux prenaient un reflet violet dans la lumière, n'avait pu trouver de place sur l'escalier et s'était assise aux pieds du chef des intouchables. Ignorant les distinctions de caste, de classe, de religion, les orateurs partageaient l'estrade bondée ; et nous, nous tendions l'oreille tandis qu'ils nous rappelaient nos devoirs d'électeur à un moment capital pour notre histoire.

Soudain, les femmes disparurent des balcons. Elles furent parmi nous, à visage découvert, brisant le tabou de la réclusion, se liguant avec nous contre le premier personnage de l'Etat, qu'elles jugeaient responsable d'avoir déshonoré leurs maris et détruit leurs foyers.

Quinze jours plus tard, une fois les bulletins dépouillés, le gouvernement se préparait à célébrer sa victoire.

A deux heures du matin, j'attendais avec une foule de gens devant les bureaux du journal *Indian Express*. Si nous étions dehors à une heure si peu chrétienne, c'est parce que les correspondants de presse téléphonaient des résultats que les réseaux de télévision et de radio, sous le choc, n'osaient annoncer.

Il ne se passait jamais plus de quelques minutes sans que l'on vît un journaliste apparaître, tendre un papier à un employé maigre, en pantalon gris, et se précipiter de nouveau à l'intérieur. Nous retenions notre souffle, et l'employé griffonnait les derniers résultats à la craie sur un tableau noir éclairé d'un spot. Chaque fois qu'un député du parti de Mme Gandhi perdait son siège, les gens lui jetaient de l'argent pour le remercier de la bonne nouvelle. Il nous regardait en clignant les paupières, surpris, tandis que les billets voltigeaient autour de sa tête comme une neige de confettis.

Quand il annonça que Mme Gandhi avait perdu — et

largement — son propre siège, les femmes se mirent à lui jeter leurs bijoux.

Au milieu des cris de joie, j'entendis quelqu'un dire : «Elle n'a eu que ce qu'elle méritait. Qu'avait-elle besoin de s'attaquer aux pauvres?»

CHAPITRE 22

Un bénéfice perdu

L'état d'urgence marqua un tournant critique dans l'histoire de l'Inde, compromettant le Président et la Cour suprême qui l'avaient approuvé sans discussion, les fonctionnaires et la police qui l'avaient fait appliquer, la radio et la télévision qui en avaient chanté les louanges sans contestation de la part d'une presse écrite bâillonnée.

Bien décidé à permettre aux Indiens de comprendre par quel procédé ils avaient été si facilement privés de leur liberté, le nouveau Premier ministre Morarji Desai engagea une enquête publique sur les causes de l'état d'urgence, ordonnant la retransmission radiotélévisée des audiences. Tandis que le Parlement annulait les amendements constitutionnels de Mme Gandhi, jour après jour des centaines de personnes comparurent devant la commission Shah pour faire part de ce qu'elles avaient subi — la torture étant souvent mentionnée. Leur témoignage fut ensuite publié dans le rapport de la commission Shah, un document unique sur le fonctionnement de la démocratie en Inde.

Une conclusion s'imposa : nous avions un besoin urgent d'alternatives politiques capables de contrebalancer les excès du parti qui nous avait gouvernés pendant trente ans. Mais la première de ces alternatives, le

Janata, ou parti du peuple, vit le jour sous des auspices particulièrement défavorables ; ses dirigeants, en liberté conditionnelle, avaient des emplois du temps incompatibles et n'arrivaient pas à se rencontrer. Une fois au pouvoir, ils imitèrent bientôt leurs prédécesseurs du Congrès.

Pendant que le Janata se désintégrait, Indira Gandhi battait de nouveau la campagne, rejetant sur d'autres la responsabilité des excès de l'état d'urgence et proposant un « gouvernement qui marche ». Aux élections suivantes, n'ayant pas de solution de rechange, le pays lui exprima de nouveau sa confiance. Les exemplaires du rapport de la commission Shah furent aussitôt saisis et détruits.

C'est alors que commença pour de bon la course au pouvoir. Pendant les décennies suivantes, si nous passâmes notre temps à courir après la chimère d'un authentique système multipartite, nos dirigeants, eux, s'évertuèrent à inventer de nouvelles manières de nous diviser.

Mais au moins, nous étions assurés que le verdict catégorique prononcé contre l'état d'urgence avait sauvegardé notre démocratie à tout jamais.

Hélas, nous n'avions pas songé à nous prémunir contre la politique des religions.

Nous étions certains que, après les horreurs du conflit pakistanais, aucun politicien n'allait oser se servir de ce tremplin pour arriver au pouvoir. Tout le monde savait que la religion était pour nous la ligne à ne pas franchir, la ligne au-delà de laquelle régnait le chaos.

Mais un réformateur social, surnommé la « Conscience de la nation », connaissait l'Inde mieux que nous. Quelques minutes après la déclaration de l'état d'urgence, Jayaprakash Narayan, un malade en phase terminale, avait été arraché à son lit et jeté en prison. Il était la première victime de notre liberté perdue. Il se tourna vers ses geôliers et, pour leur expliquer la conduite de Mme Gandhi, leur récita en sanskrit les célèbres vers décrivant la folie de Sita, la femme du dieu Rama.

Dans la mythologie indienne, Sita et son beau-frère Laksman errent dans la jungle en attendant que Rama les retrouve. Avant de partir chasser, Laksman trace trois lignes dans la poussière et avertit Sita que, si elle les franchit, il ne pourra plus la protéger. Mais Sita aperçoit entre les arbres un cerf d'or qui l'appelle. Il a la voix de Rama. Elle enjambe les trois lignes qui la protégeaient et tombe dans le chaos.

Cette nuit-là, comme les geôliers embarrassés lui passaient les menottes, Jayaprakash Narayan, qui avait marché aux côtés de Gandhi pour libérer l'Inde, se mit à déclamer :

Personne ne voit un cerf d'or
Personne n'entend un cerf d'or
Jusqu'au jour où les temps sont troubles et l'esprit dérangé.

Les temps troubles étaient revenus.

On nous racontait désormais que notre riche pluralisme, la diversité qui nous définissait, était un dérangement mental, un concept étranger hérité du sécularisme occidental et greffé sur notre pays.

Nous étions à la veille d'affronter notre deuxième tournant décisif.

Les dirigeants de l'Inde avaient vu le cerf d'or du pouvoir galoper entre les arbres en les appelant avec la voix de Dieu.

CHAPITRE 23

L'œuvre de Dieu

Lorsque les sikhs expatriés en Grande-Bretagne célébrèrent le trois-centième anniversaire de leur foi au Royal Albert Hall de Londres, ils invitèrent l'écrivain Khushwant Singh à faire une allocution pour l'occasion. Singh avait autrefois fait partie de la mission diplomatique de l'Inde à Londres. Son roman, *Train pour le Pakistan*, était considéré comme un classique sur les horreurs de la guerre. Et il était sikh.

Pas du tout impressionné par les fauteuils de velours rouge et la loge royale de l'Albert Hall, Singh se leva et lança vigoureusement dans la salle comble : « Mes très chers amis, vous souvenez-vous du goût des galettes sans levain ? »

Reconnaissant le franc-parler des paysans du Pendjab, l'assistance enturbannée répondit par un joyeux brouhaha. Au pays, leurs parents industrieux — ceux qui ne constituaient pas les troupes de première ligne des forces armées — travaillaient à faire du Pendjab le grenier de l'Inde.

« Et du goût des lentilles noires ? » Sifflements et trépignements secouèrent une assemblée saisie de nostalgie à l'évocation des nourritures dans lesquelles elle puisait sa nature robuste.

«Et l'épinard à la moutarde? Et le jus de canne à sucre?»

Les sikhs avaient bondi sur leurs pieds, ils poussaient leur cri de guerre : «Victoire aux fidèles du gourou! Victoire à ses hommes de vérité!»

Ils réagissaient toujours ainsi à ce qui les touchait. Les sikhs sont un peuple fier de son histoire martiale; c'est pour cette raison que, sous leur turban, ils portent les cheveux longs. Autrefois, lors des guerres de religions, c'était un signe de reconnaissance entre eux sur les champs de bataille. Au temps des persécutions religieuses par l'empereur moghol fanatique Aurangzeb, les familles hindoues elles-mêmes donnaient à la foi sikh un de leurs fils de façon à préserver leur descendance.

Mais à l'intérieur de leur sanctuaire principal, le Temple d'or d'Amritsar, symbole du pouvoir spirituel de Dieu dont la bibliothèque abrite des collections vieilles de cinq cents ans et des manuscrits rédigés par leurs gourous, la sérénité est sacrée.

Elle l'était, du moins, jusqu'au jour où Indira Gandhi et son fils cadet eurent l'idée d'apporter leur soutien à un obscur prêtre sikh du nom de Bhindranwale qui voulait renverser le gouvernement de l'Etat du Pendjab.

Armés de fusils automatiques, assurés de la bénédiction du gouvernement central, le prêtre et ses adeptes firent irruption dans le Temple d'or. Une fois en sécurité à l'intérieur, Bhindranwale déclara que tous les non-sikhs devaient être évincés du Pendjab. Tandis qu'il prononçait ses édits fanatiques, ses troupes battirent les sikhs récalcitrants, tuèrent d'une balle l'inspecteur général de police sikh et forcèrent les non-sikhs à s'enfuir. Bientôt le Pendjab entier devint un camp armé à l'intérieur duquel les hindous étaient persécutés, et à l'extérieur duquel les sikhs étaient terrorisés. Pour la première fois de l'histoire de l'Inde, la haine éclatait entre hindous et sikhs.

Sous prétexte de restaurer l'ordre, Mme Gandhi tenta de prendre le contrôle du Pendjab. Mais le monstre qu'elle avait si étourdiment créé était devenu incontrôlable. Le prêtre, devenu puissant, était courtisé par d'autres partis. Cependant, il refusait toutes leurs avances : il voulait son propre pays. Ayant épuisé toutes les solutions possibles, Indira Gandhi envoya l'armée le déloger ; dans la bataille, la grande bibliothèque des sikhs fut détruite et des fidèles innocents moururent, pris dans des tirs croisés.

Le sang avait taché les dallages de marbre blanc du Temple d'or.

Pour venger ces morts, Indira Gandhi fut elle-même assassinée par un de ses gardes du corps sikhs alors qu'elle menait une nouvelle campagne législative. Des bandes de gangsters ripostèrent en tuant des milliers de sikhs à Delhi.

Des temples sikhs furent incendiés, les prêtres gardant les livres sacrés, brûlés vifs. Tous les hommes portant le turban furent attaqués. Pour sauver leur vie, les sikhs largement minoritaires se coupèrent les cheveux, mais cela n'arrêta pas les massacres. L'armée indienne, qui aurait pu éviter ce carnage, était confinée dans ses baraquements par un gouvernement passé sous la coupe de Rajiv Gandhi, alors que le seul général indien ayant jamais fait capituler une armée étrangère était accusé de traîtrise simplement parce qu'il était sikh. Sa femme et ses enfants durent fuir leur maison et chercher refuge chez des inconnus en état de choc.

J'accompagnai une femme sikh à Trilokpuri, une banlieue de Delhi qui avait été le théâtre des pires atrocités. Me prenant pour un membre de la famille d'Indira Gandhi, les gens m'abordaient pour se vanter d'être allés tuer chez eux un grand nombre de sikhs sans défense.

«Comment saviez-vous où ils habitaient ?

— On nous avait donné une liste, avec les adresses. Et des bidons d'essence.

— Qui vous a donné ça?

— Vous savez bien. Tout le monde le sait. »

Ils ne comprirent pas ma colère. Ils n'auraient sans doute pas compris celle des foules d'Indiens qui vinrent, dans un camp de réfugiés privé, apporter nourriture et vêtements aux femmes et aux enfants blessés dans la tuerie, tandis que des gens et des prêtres de toutes religions tentaient de consoler les familles endeuillées et d'apaiser leurs souffrances. Tout autour de moi, des Indiens ordinaires s'indignaient que le parti au pouvoir eût empêché l'armée d'intervenir en alléguant que le massacre était un mouvement de chagrin et de colère spontané. Si c'était vrai, disaient-ils, comment expliquer qu'il y ait eu si peu d'actes de violence dans les Etats où le parti de Mme Gandhi n'était pas majoritaire? Plus tard, ils voudraient savoir pourquoi Rajiv Gandhi, devenu Premier ministre, refusait d'ouvrir une enquête sur ces meurtres, alors que de nombreux témoignages avaient été recueillis par un Comité de citoyens présidé par un magistrat de la Haute Cour.

Malgré tout, avec l'assassinat de Mme Gandhi et la guerre civile déclenchée au Pendjab, il était permis de croire que, désormais, aucun dirigeant politique n'oserait plus «jouer la carte religieuse», pour reprendre l'euphémisme de rigueur à l'époque.

Nous avions oublié le Cachemire.

Niché au pied de l'Himalaya sacré, le Cachemire possédait un mysticisme religieux unique. Son islam s'inspirait des visions extatiques des saints-poètes soufis. Son hindouisme était hérité du grand sage Shankaracharya, qui avait poussé les pèlerins à parcourir toute l'Inde, des plages de l'océan Indien jusqu'aux grottes perchées dans les hautes montagnes, pour se rendre compte qu'elles appartenaient à un seul et même monde. Lors de la partition du Pakistan, le mahatma Gandhi avait même décrit cet Etat comme « un îlot de raison ».

Mais, peu avant sa mort, Indira Gandhi avait dissous le gouvernement du Cachemire, élu démocratiquement, pour le remplacer par un gouvernement fantoche. Lorsque, trois ans plus tard, Rajiv Gandhi fit la même chose, la magnifique vallée de l'Indus, désespérant de jamais obtenir justice de la part du gouvernement de Delhi, prit les armes dans une flambée de violence. Des prêtres démagogues exploitèrent le sentiment d'insécurité d'une population majoritairement musulmane, et le mysticisme céda la place au fanatisme. Les non-musulmans, victimes du terrorisme, durent quitter la vallée. L'armée fut dépêchée sur place. Cent mille réfugiés hindous durent mener une existence misérable dans des camps en attendant de pouvoir retourner chez eux ; vingt mille musulmans ne revirent jamais leurs foyers, car ils furent tués par la police ou par l'armée.

Comme si la politique aventureuse et meurtrière menée au Pendjab et au Cachemire n'avait pas suffi, nous apprîmes bientôt qu'Indira Gandhi avait financé et entraîné les insurgés tamouls du Sri Lanka dans le but de gagner les voix des trente millions de Tamouls indiens indignés des injustices subies par leurs frères sri lankais.

Sous Rajiv Gandhi, cet entraînement s'intensifia. Les chefs guérilleros furent reçus officiellement à Delhi. L'Inde viola l'espace aérien du Sri Lanka pour parachuter des vivres aux Tamouls encerclés. Le gouvernement sri lankais finit par demander à l'Inde de l'aider à démanteler l'insurrection. Mais lorsque notre armée arriva sur place, elle découvrit que les rebelles qu'elle avait formés ne l'entendaient pas de cette oreille. Pendant les trois ans à venir, mille cinq cents soldats indiens allaient mourir dans la guérilla tamoule ; il faudrait attendre l'arrivée au pouvoir d'un nouveau Premier ministre, V.P. Singh, pour rapatrier nos troupes démoralisées, qui laissèrent dans leur sillage une haine tenace pour les dirigeants indiens.

Pendjab, Cachemire, guérillas tamoules : tant d'atrocités en cinq petites années — et le pire était encore à venir.

Il y a longtemps déjà, alors qu'il présidait aux négociations pour la partition du sous-continent, lord Wavell, vice-roi des Indes, avait fait la remarque suivante : «Plus j'apprends à connaître les politiciens indiens, plus je désespère de l'Inde.»

A leur tour, les Indiens eux-mêmes allaient désespérer de leurs figures politiques : encore une fois, il allait suffire de frotter la lampe de la politique officielle pour faire apparaître le génie de la haine entre hindous et musulmans.

En 1985, la Cour suprême accorda aux femmes musulmanes analphabètes une allocation de subsistance pour elles et leurs enfants en cas de divorce. Cette disposition s'appliquait à toutes les femmes indiennes. En 1986, histoire de s'assurer les suffrages des fondamentalistes musulmans, Rajiv Gandhi usa de sa majorité parlementaire pour faire voter une autre loi. Désormais, les musulmanes seraient assujetties aux interprétations médiévales de la charia, ou loi islamique sur le mariage et le divorce.

L'opinion musulmane modérée ainsi que la grande majorité des Indiens étaient consternés. Si les voix des fondamentalistes musulmans s'achetaient ainsi, qu'allaient exiger les fondamentalistes hindous? Le Premier ministre avait-il oublié que les Lois de Manu sanctionnaient l'intouchabilité? Ne voyait-il pas que, dans notre pays, un opportunisme flagrant faisait faire à l'égalité devant la loi un bond en arrière de plusieurs siècles? Où cela s'arrêterait-il?

La réponse à cette question nous fut donnée quelques semaines plus tard à Ayodhya, petite ville templière du nord du pays.

Pour beaucoup d'hindous, Ayodhya serait le lieu de naissance du dieu-roi Rama; la ville est entourée de temples se réclamant de cet illustre privilège. Au milieu de ces temples, une unique mosquée, datant du XVIe siècle, est considérée par les fondamentalistes hindous comme le véritable lieu de naissance de Rama. Pour éviter les controverses, cette mosquée était fermée depuis un demi-siècle. Les extrémistes hindous persuadèrent un juge de district d'ouvrir le monument à leur foi.

Se souvenant tout à coup qu'il y avait six fois plus d'hindous que de musulmans en Inde, Rajiv Gandhi les autorisa à poser la première pierre d'un temple dans l'enceinte de la mosquée. Sur ce, il vint sur place lancer sa campagne législative, promettant à l'Inde « Ram Rajya », le gouvernement du dieu-roi Rama.

Un marxiste eut le courage de faire observer sèchement que l'Inde avait davantage besoin de latrines que de temples et de mosquées. Cette sage remarque fut ignorée.

Saisissant l'arme politique si inconsidérément placée entre ses mains, le parti nationaliste hindou, le BJP (Bharatiya Janata Party, parti du peuple indien), se proclama le seul capable de donner à l'Inde le gouvernement de Rama. L'élection fut une défaite pour Rajiv Gandhi, mais pas une victoire non plus pour les nationalistes hindous. Le nouveau gouvernement encercla la ville d'un cordon de police et emprisonna les fauteurs de troubles, accordant à l'Inde un bref répit.

Mais les fanatiques, écartés, laissaient couver l'affaire, et leur rhétorique croissait en violence à mesure qu'approchait une nouvelle élection.

Le BJP, qui avait fait du temple son cheval de bataille, gagnait du terrain. Jurant de détruire la mosquée et de reconstruire un grand lieu de culte hindou sur ses ruines, ses leaders entamèrent une tournée dans le sous-continent. Ils exhortaient chaque village à envoyer une

158

brique pour le temple de Rama et rappelaient aux fidèles que les musulmans profanaient leur foi.

Au cours de la campagne suivante, Rajiv Gandhi fut victime d'un attentat kamikaze perpétré par une femme tamoule. Le nouveau Premier ministre, Rao, soutenu par un gouvernement minoritaire, ne voulut pas se mettre à dos les nationalistes hindous. Le BJP était désormais le deuxième parti au Parlement.

Un matin de décembre 1992, rassurée par l'inaction de Rao et appuyée par la présence de dirigeants du BJP, une foule de trois cent mille fanatiques hindous se mit en devoir de démanteler la mosquée à mains nues, plantant des images de Rama dans les décombres.

Des émeutes éclatèrent partout entre hindous et musulmans. Douze cents kilomètres plus loin, des groupes armés du Shiv Sena, proches alliés politiques du BJP, se mirent à massacrer les musulmans dans tout l'État du Maharashtra, les accusant d'être des espions pakistanais. Pendant une semaine, la capitale de l'État, Bombay, moteur de l'économie indienne, cessa quasiment toute activité. Elle serait de nouveau paralysée moins d'un mois plus tard, car dix bombes devaient exploser simultanément dans la ville, endommageant hôtels de luxe, immeubles de bureaux, Bourse, et faisant des centaines de morts et de blessés.

Comment en étions-nous arrivés là ? Quinze ans plus tôt seulement, pendant l'état d'urgence, j'avais vu les leaders du BJP et les prêtres musulmans, côte à côte dans la plus grande mosquée du pays, réclamer le rétablissement immédiat de la démocratie.

« Comment avez-vous pu sombrer dans une telle folie ? demandai-je à l'un de ces dirigeants, une femme.

— Nous ne faisons qu'imiter le parti du Congrès, me répondit-elle. Mais en mieux. »

En beaucoup mieux. Ils avaient établi une liste des autres mosquées à démolir.

L'un de leurs adeptes, P.N. Oak, fondateur et président de l'Institut révisionniste de l'histoire indienne, avait même écrit un livre pour prouver qu'il existait un autre édifice musulman bâti sur un lieu de culte hindou. L'ouvrage, qui circulait aux Etats-Unis, avait réussi à capter l'attention du *New York Times*.

Le Taj Mahal, prétendaient ses bruyants supporters, était un affront à la religion hindoue. Il devait être détruit lui aussi.

CHAPITRE 24

Estampillage

Pendant les années quatre-vingt, une élection se trouva interrompue par des hommes armés faisant soudain irruption dans un bureau de vote. Une jeune femme se trouvait dans l'isoloir quand, brandissant leurs armes pour effrayer les électeurs, les hommes s'emparèrent des bulletins et les estampillèrent tous au nom d'un seul et unique candidat; après quoi, arme au poing, ils forcèrent le président du bureau à sceller les urnes. La jeune femme, Nalini Singh, fut si horrifiée de la scène qu'elle décida d'en faire un téléfilm pour montrer dans toute l'Inde comment le système électoral pouvait se faire prendre en otage.

Elle interviewa les gangs recrutés par les partis politiques de toutes tendances pour assurer la victoire de leur candidat. A visage masqué, ces hommes racontèrent comment ils contribuaient à ce qu'ils étaient fiers d'appeler la « force musclée » de la politique indienne.

Ils commençaient par soudoyer les villageois. En cas d'échec, ils maltraitaient les vieillards respectés. Ensuite, ils se mettaient à casser des membres, un bras par-ci, une jambe par-là. Si cela ne marchait toujours pas, ils annonçaient d'un ton faussement désolé qu'ils allaient prendre des otages et les tuer. Mais si les habitants du village, ou du bidonville, ou les ouvriers de l'usine continuaient de tenir bon, en dernier ressort il y avait toujours la bombe, menace qui entamait fortement l'assurance des futurs électeurs.

Pour garantir une majorité écrasante à leur patron, les gangsters faisaient main basse sur des bureaux de vote entiers et estampillaient tous les bulletins au symbole de leur candidat — comme le jour où Nalini Singh en avait fait les frais. Quand elle leur demanda s'ils n'avaient pas peur de la justice, ils se mirent à rire.

La police, les bureaucrates, les juges, tous étaient fonctionnaires. Et leur candidat aurait la mainmise sur l'Etat. Qui donc oserait les punir ?

Comme il fallait s'y attendre, depuis, plusieurs chefs de bande se sont lancés dans la politique pour leur propre compte. Grâce à leur «force musclée», ils peuvent assurer leur victoire et s'approprier le butin.

CHAPITRE 25

Le plus grand spectacle de la terre

Une fois retombée l'euphorie capiteuse de la chute du mur de Berlin, le monde entier découvre qu'une liberté politique greffée sur une pénurie économique forme un mélange beaucoup plus détonant qu'une série de cocktails Molotov. Les commentateurs se tordent les mains en évaluant la situation potentiellement explosive en Europe de l'Est, où une liberté tant attendue se heurte à de longs étalages vides.

Mais depuis cinquante ans, en Inde, ces libertés dangereuses sont préservées par des millions de gens au ventre vide, qui savent que chaque élection est un jeu de poker où se joue le plus grand des enjeux : leur avenir.

C'est pourquoi, en 1989, la neuvième élection législative de l'Union indienne souleva un grand intérêt dans le pays. La soudaineté de l'annonce et l'imminence du scrutin — dans les délais les plus brefs consentis par la Constitution — furent calculées de manière à garder en place le gouvernement. Pensant s'assurer le soutien des jeunes, Rajiv Gandhi avait récemment abaissé la majorité électorale de vingt et un à dix-huit ans. En conséquence, la nouvelle élection allait appeler aux urnes un demi-milliard d'électeurs.

Cinq cents millions de votants. Essayez de vous représenter tous les électeurs des Etats-Unis, du Canada, de l'Europe de l'Est et de l'Ouest votant simultanément dans leurs diverses langues pour élire un gouvernement commun. Imaginez la prouesse logistique nécessaire pour mettre en place une machine électorale de cette importance.

Trois semaines avant un scrutin, les candidats doivent faire enregistrer leur candidature et recevoir leur symbole politique. Les symboles sont une nécessité en Inde, où la moitié des électeurs, analphabètes, votent en mettant une image dans l'urne. Il arrive souvent qu'un parti politique présente un outsider dont le symbole ressemble à celui d'un adversaire redoutable, espérant que les gens ayant peu l'habitude de reconnaître des dessins imprimés en petit format sur un morceau de papier confondront les deux.

Une fois les candidatures déposées, il reste donc vingt et un jours avant le scrutin. C'est alors que la commission électorale doit imprimer les bulletins. Tâche apparemment facile ? Pas en Inde. Il faut reproduire sans se tromper les noms et les symboles de tous les candidats sur un demi-milliard de bulletins, en dix-sept langues différentes ayant chacune son alphabet. Ensuite, les bulletins doivent être acheminés jusqu'aux bureaux de vote — qui jalonnent le pays à raison d'un pour mille habitants —, des montagnes inaccessibles du Ladakh jusqu'aux frontières du Tibet en passant par les régions désertiques reculées du Rajasthan et les côtes méridionales du Kerala, en bordure de l'océan Indien.

Le nombre de candidats augmente à mesure de la prise de conscience politique. Lors de cette élection, un présentateur stupéfait montra sur le petit écran le bulletin de vote d'une circonscription qui, à elle seule, rassemblait cent vingt-deux candidats. Cent vingt-deux noms s'alignaient à côté de cent vingt-deux symboles graphiques. Le bulletin lui-même était grand comme une feuille de journal, et le journaliste démontra qu'il fallait plus de trois minutes pour le plier et l'insérer dans l'urne.

Laissant la commission électorale s'occuper de ces cauchemars logistiques, la campagne commence pour de bon. En Inde, les législatives prennent une allure de carnaval politique de dimensions abracadabrantes. Chansons. Théâtre de rue. Films vidéo. Poètes présentant les candidats dans des odes spécialement composées pour eux. Véhicules de campagne transformés grâce à une imagination débordante en chars motorisés inspirés de la mythologie. Prestations de faiseurs de miracles et d'hommes-dieux, de vedettes de cinéma et de prêtres. Satires des diverses promesses électoralistes sous forme de petits couplets de quatre sous. Meetings politiques rassemblant jusqu'à cinq cent mille personnes, démarchage porte à porte pour récolter les voix.

Par sa seule ampleur, le processus électoral indien a introduit un nouveau mot dans le dictionnaire de la démocratie, le mot «Vague», qui décrit une sorte de raz de marée balayant toutes les prévisions.

Mais, aux yeux des sceptiques, ce mot-là suggère que l'on peut duper les votants. Pour reprendre les paroles de Malcolm Muggeridge, un homme au bord de la famine n'a pas de conscience politique. Les millions d'électeurs affamés et illettrés capables de produire une Vague forment donc une foule vulnérable à la propagande populiste et intimidable par la force.

Examinons tout d'abord le populisme. Dans les années cinquante, la pénétration des marchés semblait le meilleur moyen de faire passer un message à la population. A l'époque, Coca-Cola était la société ayant le taux de pénétration le plus élevé chez nous ; elle fut donc invitée par notre gouvernement à distribuer des contraceptifs avec chaque bouteille. Mais, dans les villages, les gens obligés de faire trente kilomètres à pied pour trouver de l'eau potable n'étaient pas les mieux placés pour acheter le paradis accompagnant les boissons gazeuses, et le projet avorta. Une fois de plus, la radio gouvernementale devint l'instrument privilégié pour prêcher le contrôle des naissances.

Les années soixante-dix durent compter avec l'entrée de la télévision sur la scène politique. Comme la radio, la télévision indienne — puissante arme de communication — était contrôlée par l'Etat. Mais, pour la première fois, elles étaient toutes les deux utilisées à des fins politiques.

En 1975, Indira Gandhi déclara l'état d'urgence et entreprit de stériliser massivement la population mâle. En dédommagement de la douleur physique, de l'atteinte à la dignité et des fréquents cas d'infection, elle fit distribuer des transistors qui, comme la télévision, servirent à bombarder les masses de slogans répétant que tout allait pour le mieux sous le règne bienveillant de Mme Gandhi et de sa famille.

Sachant que toutes les voix discordantes avaient été réduites au silence, la foule analphabète et effrayée changea de fréquence et prit BBC World Service. Bientôt, la population fut mieux informée que son propre gouvernement. Lors de l'élection législative suivante, en 1977, la Vague qui renversa le pouvoir fut une véritable lame de fond.

Malheureusement, on l'a vu, la première expérience que fit l'Inde avec un parti majoritaire autre que le Congrès se termina par la désintégration d'un gouvernement inefficace, et les votants se tournèrent une fois de plus vers Indira Gandhi. Peu sûre de leur loyauté, gouvernant dos au mur, celle-ci sapa l'assemblée élue du Pendjab, acte peu judicieux qui finit par lui coûter la vie.

Cependant, Rajiv Gandhi semblait incarner une alternative acceptable. Homme jeune, agréable et inoffensif, il souriait beaucoup et s'intéressait de près à l'informatique, promettait de faire le nettoyage dans des pratiques

166

politiques corrompues et d'amener l'Inde à l'aube du XXIe siècle. Il fut même affublé du sobriquet de Monsieur Propre. Profitant d'une vague de compassion après l'assassinat de sa mère, il s'assura en 1984 le plus vaste mandat électoral de l'histoire de son pays.

L'Inde avait maintenant à sa disposition les communications informatisées. Elle qui manquait cruellement d'eau potable, elle se pourvoyait en antennes paraboliques pour pouvoir relier sa culture médiévale à l'électronique. Et elle utilisait le pouvoir exorbitant de cette nouvelle forme de pénétration des marchés pour faire vendre un seul et unique produit : Rajiv Gandhi et les vertus de son gouvernement.

En couleur et en dolby stéréo, nous entrions dans la génération disco de la démocratie. Imaginez les remèdes miracles qu'un Premier ministre pouvait désormais offrir, pendant les années précédant une élection, à un pays affublé des difficultés que nous connaissions.

Les présidents américains font du jogging. Le Premier ministre indien ordonne donc à ses ministres d'enfiler leur survêtement. Composé surtout de quadragénaires bien en chair, le gouvernement n'est pas un idéal de beauté physique. Mais les vêtements traditionnels, conçus pour mettre la silhouette en valeur, ont au moins le mérite de déguiser les contours disgracieux. Voilà ces hommes soudain obligés de revêtir des vêtements de sport gris et, leur Premier ministre en tête, de trottiner dans toutes les rues de la ville avec des airs de chiens battus, tandis que des haut-parleurs fixés aux réverbères diffusent la musique des *Chariots de feu* et que les réseaux de télévision retransmettent leurs souffrances dans tout le pays.

Étonnés, les Indiens se demandent : Pourquoi les hommes chargés de présider à notre destinée s'habillent-ils de cette drôle de manière ? Et qu'est-ce qui les fait donc fuir à toutes jambes ?

Un peu plus tôt, ils avaient assisté à un événement plus étrange encore, Rajiv Gandhi ayant décidé de réitérer la célèbre Marche du sel du mahatma Gandhi. Ç'avait été davantage une promenade qu'une marche, d'ailleurs, l'expérience n'ayant duré que le temps des prises de vues pour l'indispensable passage à la télévision. Mais qu'était-il donc advenu de la non-violence dans cette manifestation hérissée de forces de sécurité spéciales levées par le Premier ministre lui-même ? Des commandos Black Cat habillés en noir de pied en cap — chaussures de cuir, treillis et bérets chics — et armés de mitraillettes précédaient des convois de troupes de sécurité et de supporters politiques criant les slogans de leur leader — lequel leader prélevait toujours un impôt sur le sel, comme au temps de l'Empire britannique.

Un gouvernement entier venait de prouver qu'il croyait avec McLuhan que le support médiatique fait le message. Et en effet, si la moitié des électeurs sont analphabètes et incapables de gagner de quoi s'offrir un repas par jour, comment pourraient-ils faire la différence entre les deux ?

Mais les spectacles télévisés ne suffirent pas à conserver à Rajiv Gandhi sa large assise gagnée cinq ans plus tôt seulement. Le Monsieur Propre de l'Inde était perçu comme menant une politique de corruption sans précédent dans un pays qui croyait déjà connaître toutes les formes de vénalité. Il était même soupçonné, ainsi que sa femme, d'avoir détourné des millions de fonds publics en pots-de-vin lors de l'achat par la Défense nationale du fusil suédois Bofors. Son propre ministre de la Défense, V.P. Singh, fut si écœuré qu'il démissionna pour prendre la tête de la lutte antigouvernementale.

C'est ainsi que le petit-fils du mahatma Gandhi se lança dans la politique pour tenter de ravir son siège à Rajiv Gandhi. Bien qu'homonymes, ils n'avaient aucun lien de parenté. Le pacifiste Ram Mohan l'apprit à ses dépens dans un baptême du feu organisé par Rajiv : ses militants furent tabassés, son directeur de campagne abattu de six balles dans le ventre et ses bureaux de vote neutralisés. Il n'avait pas compris que l'Inde était jetée en pâture aux rapaces.

Aucun enjeu important ne semblait se jouer dans les urnes. Il n'y avait ni état d'urgence à faire cesser, ni alliance guerrière à dissoudre, ni sympathies particulières à exprimer. Quant à la corruption, l'Inde était lasse de constater la cupidité de ses leaders. Avant cette neuvième élection législative, donc, tout le monde, des personnalités politiques aux journalistes en passant par les instituts de sondage et les pandits de salon de thé, se posait la même question : assisterait-on à une nouvelle Vague ?

Les votants dissimulèrent leurs cartes jusqu'au jour du scrutin. Pas tous, cependant. Quelques-uns collèrent des affiches où l'on pouvait lire : AVIS DE RECHERCHE : DÉPUTÉ. PORTÉ DISPARU DEPUIS CINQ ANS.

D'autres furent plus explicites encore. Un ministre faisait du porte-à-porte dans sa circonscription, entouré de gardes armés et de techniciens de télévision. Sachant les caméras braquées sur lui, il s'arrêta dans un village et invita courtoisement un jeune homme à franchir le cordon de police. Le jeune homme — un fermier pauvre — attendit poliment que le ministre ait fini de débiter une longue liste de promesses électorales.

« Voilà donc pourquoi j'ai besoin de votre aide, conclut celui-ci avec un sourire plein d'assurance. Votez pour moi.

— J'ai voté pour vous il y a cinq ans, lui répondit le jeune homme en souriant timidement. Mais vous étiez trop occupé pour revenir de Delhi vous intéresser à nos problèmes. Alors j'ai emprunté de quoi me payer un billet de train et j'ai fait des centaines de kilomètres pour aller vous voir. En arrivant chez vous, j'ai dit à vos gardes que j'attendrais aussi longtemps que nécessaire. Vous étiez mon député, vous m'aviez promis votre aide. Au bout de plusieurs heures, vous m'avez fait dire que vous refusiez de me recevoir, et vous avez envoyé vos gardes me gifler pour avoir osé vous déranger. Maintenant que vous venez me trouver pour me demander mon aide, je vous fais la même réponse. »

Et devant la presse entière, le jeune homme gifla le ministre. Ne serait-ce qu'un bref instant, avant de se faire neutraliser par les services de sécurité, il avait osé lui demander des comptes.

« La puissance de la démocratie indienne est tout simplement fantastique, écrivit *The Economist* lorsque les résultats furent connus. L'Indien moyen gagne moins de cent cinquante francs par mois et est généralement illettré. Cela n'a pas empêché les cinq cents millions d'électeurs du pays de se dresser contre leurs dirigeants — qui, entre les élections, les traitent avec arrogance et les dépouillent — et de leur opposer plusieurs Non catégoriques de suite. »

Et quel Non, cette fois-ci ! A la seule exception du Bengale, tous les partis en place — y compris le gouvernement central — furent balayés. Des urnes, était sortie une réponse claire et nette aux excès d'un pouvoir brutal : aucun parti n'obtenait la majorité.

Dans le premier discours qu'il prononça devant la nouvelle Assemblée, le Premier ministre V.P. Singh fit amende honorable : « Le peuple indien nous a forcés à reconnaître le caractère hétérogène de notre nation. En créant une situation où les partis deviennent interdépendants et où s'impose un gouvernement par consensus, l'électeur indien a su faire comprendre son exigence : l'Inde doit enfin pouvoir voter pour des programmes et non plus pour des personnes. »

Les électeurs indiens virent leur vœu se réaliser : les législatives suivantes allaient se faire autour de la lutte

170

des classes. Les suivantes encore, autour des questions religieuses. Chaque fois, ils allaient priver de pouvoir politique non seulement ceux qui se réclamaient du népotisme, mais aussi une nouvelle race de démagogues. Pendant dix ans, aucune majorité politique n'émergerait plus. Mais tandis que l'électeur exprimait son mécontentement contre les pouvoirs en place, le politicien sourd à ses requêtes s'emparait des atouts du pouvoir et profitait de magouilles immobilières.

A Delhi surtout, les hommes politiques exerçant ou ayant exercé des fonctions au gouvernement exigent comme un dû que l'Etat mette des palais à leur disposition. Jusque dans le centre ville, certaines rues ont été rebaptisées, en dépit d'un règlement d'urbanisation précisant que «les noms des rues existantes ne peuvent être changés. Rebaptiser une rue crée non seulement la confusion pour les usagers et les services postaux, mais prive également notre peuple d'une vision historique de son pays».

D'un autre côté, rebaptiser une rue présente l'avantage de permettre aux politiciens de réécrire l'histoire. C'est ainsi que certaines résidences officielles sont réquisitionnées à la mémoire d'une famille ; les monuments, aéroports et parcs changent de nom ; l'argent public est canalisé vers des empires industriels familiaux ; les institutions nationales servent à assurer des sinécures aux familles des politiciens. Rajiv Gandhi a même été assez astucieux pour faire du budget de l'Etat un monument à la gloire de sa famille, attribuant désormais l'initiative des subventions agricoles à Nehru, les réformes sociales en faveur des pauvres à Indira, les projets pour l'éducation et l'emploi des jeunes à lui-même. Ainsi, les impôts payés par le peuple sont présentés comme un cadeau sorti de la poche des politiques.

Suivant la mode instituée par nos plus hauts dirigeants, d'autres villes que Delhi voient maintenant elles aussi leurs lieux célèbres porter des noms inconnus, des noms de politiciens avides d'immortalité.

Mais, si ceux-ci se prémunissent contre leur gloire éphémère en s'érigeant des stèles, la pérennité du pays dépend de celle du Parlement, qui siège, ne l'oublions pas, dans un bâtiment circulaire conçu par son architecte pour embrasser toutes nos aspirations conflictuelles. L'Inde a déjà été confrontée deux fois à des menaces qui auraient dû mettre ce Parlement à mal bien plus efficacement qu'une bombe placée sous ses fondations. Je veux parler du totalitarisme politique, à une époque où tout processus démocratique était suspendu, et de la guerre civile, au moment où se sont déchaînés les sectarismes religieux.

Pourtant, au plus fort des affrontements au Pendjab, et bien que poussés par leurs leaders politiques et religieux, les paysans hindous et sikhs refusèrent de s'entretuer. Grâce à leur modération, le Pendjab put retrouver la paix.

Un juge de la Haute Cour, pourtant nommé et payé par le gouvernement, eut le courage de s'attaquer au plus haut personnage de l'Etat et d'accuser le Premier ministre Indira Gandhi d'«irrégularité» électorale. Pendant le procès, alors qu'il était victime de toutes les pressions imaginables — chantage à l'argent, intimidation —, le juge Sinha dut rappeler plusieurs fois au Premier ministre qu'elle n'avait pas intérêt à se parjurer ; il avait interdit aux flagorneurs et aux agents de la sécurité, dont la salle était pleine, de bondir sur leurs pieds quand Mme Gandhi entrerait dans le box des témoins.

«Dans ce tribunal, avait-il précisé d'un ton sévère, on ne doit se lever que devant la loi.»

Depuis le jugement prononcé par le juge Sinha, la pression exercée par la société indienne modifie lentement la politique, et les résultats commencent à se faire sentir.

172

Aujourd'hui, la Cour suprême fait tomber pour corruption des hommes politiques de toutes tendances : Premiers ministres, ministres d'Etat du gouvernement central, dirigeants de tous les grands partis. Aujourd'hui, la commission électorale a enfin interdit de faire voter des lois populistes à la veille d'une élection, et les médias gouvernementaux ne peuvent plus servir d'instruments de propagande.

Aujourd'hui, les deux cents millions de personnes appartenant aux basses castes ont leur propre parti et sont massivement représentées dans les autres formations politiques. Les autorités appliquent un principe fondamental de notre Constitution, qui considère la rhétorique de haine religieuse comme une perversion illicite du processus politique.

L'ironie veut qu'aucun des problèmes rencontrés par les autres démocraties, souvent plus anciennes et plus riches que l'Inde, n'ait été épargné à notre pays. Sectarisme, imposition de quotas, assassinat politique, guerre civile, télémarketing des candidats aux élections, séparatisme, corruption, on les retrouve tous.

Le miracle est que l'Inde soit toujours debout pour les surmonter. Les Indiens ne sont pas les seuls à le penser. Commentant les élections législatives de 1996, un éditorial du *Financial Times* de Londres faisait observer : « La démocratie indienne est une merveille du monde. »

Et son plus sûr protecteur n'est pas le politicien adulé par les écrivains en vogue, mais l'électeur indien, véritable souffre-douleur sans visage et sans nom.

Quatrième partie

CHAPITRE 26

Devenirs

A mesure que le rythme de ses échanges avec le monde extérieur s'accélère, l'Inde doit répondre à une demande croissante — à l'intérieur et à l'extérieur de ses frontières — pour une définition intelligible de son identité. Si un pays est difficile à définir, du moins en existe-t-il souvent des descriptions ayant fait date.

Lors de son voyage en Inde à la fin du XIXe siècle, Mark Twain parla du délire qui s'empara de lui pour, espérait-il, ne plus le quitter, lorsqu'il découvrit « la terre des rêves et de la poésie, de la richesse fabuleuse et de la pauvreté insigne, des splendeurs et des haillons, des palaces et des taudis, de la famine et de la pestilence, des génies et des géants et des lampes d'Aladin, un pays de tigres et d'éléphants, de cobras et de jungles, un pays aux cent nations et aux cent langues, aux mille religions et aux deux millions de dieux, berceau de l'humanité et du langage, mère de l'histoire, grand-mère de la légende, arrière-grand-mère de la tradition, dont les hiers sont contemporains des antiquités vermoulues des autres nations (…), le seul pays au monde présentant un intérêt impérissable pour l'étranger — prince ou paysan —, pour le lettré et l'ignorant, le sage et le fou, le serf et l'homme libre ; la seule terre que chacun désire voir, sachant qu'une fois ce désir comblé, même brièvement, personne n'échangerait cet unique regard contre toutes les splendeurs du monde réunies ».

Plus modestement, l'Inde se décrit traditionnellement comme Karma Bhoomi, la Terre de l'Expérience, où tout s'est déjà produit tant de fois auparavant que l'histoire elle-même en est réduite à de fastidieux échos résonnant dans une grotte vide. Mais cette Terre de l'expérience n'a été préparée par aucune de ses expériences, par aucun de ses hiers, à un monde où sa foi en l'unité intégratrice de la vie se heurte quotidiennement, d'heure en heure, même, à une information fragmentée et explosive venue de l'extérieur.

Abandonnant tout espoir de jamais définir notre pays, l'écrivain Alex Aronson fit remarquer non sans acidité en 1945 que l'Inde était une civilisation, et que « qui dit civilisation dit processus, devenir et non être ».

Un demi-siècle plus tard, cette remarque n'a rien perdu de sa justesse. L'Inde a malgré tout réussi à rester une civilisation, toujours imprévisible, toujours surprenante, échappant toujours à toute définition. Peut-être est-elle protégée par son indolence. Ou par sa fascination traditionnelle pour l'unification de ce qui apparaît fragmenté. En tout cas, dans un monde sans cesse en mouvement, elle reste un perpétuel devenir, un vaste océan protéen d'improvisations humaines sur la grande danse du temps.

CHAPITRE 27

Lecture

«Sahib! Le dernier Platon, *La République*! Et aussi James Hadley Chase, P.G. Wodehouse. Tu veux *L'Attrape-cœur*, sahib? le magazine *Mad*? Déballés à l'instant. Lis au moins *La Petite Dorrit*, de Charles Dickens, sahib.»
En Inde, apprendre à lire c'est entendre vanter les plaisirs de la lecture sur les trottoirs avant même de connaître son B.A-Ba. C'est épier les visages des grandes personnes, qui s'animent tandis qu'elles se penchent sur les volumes présentés sur des tapis usés jusqu'à la corde. Les libraires des rues font claquer deux ouvrages l'un contre l'autre pour les débarrasser de la poussière accumulée par les piétons, les cyclistes et les voitures, puis murmurent d'un ton de conspirateurs : «*Anna Karénine*, sahib. *Madame Bovary*. Ça marche très fort, ça, sahib. Ça vient d'arriver. Tu me crois, tu me crois pas, demain il reste plus rien.»
Il ne doit pas exister un seul autre pays au monde où les libraires sautent sur les marchepieds des trains, se tenant d'une main aux barreaux de la fenêtre, tendant de l'autre un panier d'osier débordant de livres… et cajolant, exhortant, suppliant les lecteurs potentiels. Pas un seul autre pays où savoir lire soit synonyme d'avoir envie de lire.
Dans un pays aussi largement analphabète que le

nôtre, savoir lire force un respect proche d'une admiration sans bornes ; nos domestiques, qui ne savaient ni lire ni écrire, s'arrangeaient pour nous faire apprendre les rudiments de l'alphabet et nous permettre d'aborder les fastidieux premiers livres de lecture dans lesquels des petits Anglais qui s'appelaient John et Janet passaient leur temps à courir et à sautiller. Eux qui nous avaient pris sur leurs genoux pour nous raconter des histoires de dieux, de rois guerriers ou d'ascètes manipulateurs ayant gagné l'immortalité par la ruse, rien ne pouvait leur faire plus plaisir que de nous voir progresser en lecture et leur raconter à notre tour des histoires de belles au bois dormant et de princes transformés en grenouilles, ou encore les aventures extraordinaires de Tom Pouce. Grâce à eux, le monde de l'imaginaire nous avait été ouvert, devenant aussi tangible que le monde réel, aussi palpable que le livre suivant qui attendait d'être lu sous les couvertures à la lumière de la lampe électrique. Et la lecture devint un plaisir si intense que les adultes incapables de nous y arracher pour nous envoyer au bain ou à table finirent par y voir un vice.

Malgré leurs contradictions sur nos habitudes de lecture, ils exigeaient tous et toujours de nous le respect du livre. Il était impensable d'abîmer un livre. Poser le pied sur un de ces réceptacles de savoir et de sagesse était considéré comme un acte d'une telle grossièreté qu'il nous attirait le mépris de toute la maisonnée.

La lecture joua un rôle important dans le confort de notre enfance, confort bien nécessaire lorsque, tout petits, nous fûmes mis en pension pour permettre à nos parents de lutter pour l'indépendance de l'Inde. Dans l'obscurité des dortoirs, nos pleurs étant couverts par le bruit de la pluie de mousson qui tambourinait sur les toits de zinc, nous nous consolions de notre mal du pays en écoutant le professeur nous lire les contes de Harry le Cheval, nous raconter les aventures des filles de Mme

Bennett ou de Mehitabel, qui terminait ses lettres à sa blatte par ces mots optimistes : « Toujours gai, Archie, toujours gai ! »

Lorsque nous revenions à la maison, de nouveaux livres nous attendaient. Ces cadeaux achetés par d'autres, et que nous n'avions pas choisis, avaient toujours un petit goût d'obligation. Heureusement, lorsque des membres de la famille venaient rendre visite à mes parents, il leur arrivait, pour chasser le mauvais œil, de tracer un cercle autour de notre tête avec des billets de banque tout craquants qu'ils glissaient ensuite entre nos doigts. Cet argent de poche nous permettait de lire des centaines de livres ; en effet, pour l'achat de deux ouvrages, nous avions accès à la bibliothèque de prêt.

Ces bibliothèques n'avaient rien à voir avec celles des pays industrialisés. Secrètes et mouvantes, elles tenaient dans des malles peintes de couleurs criardes et assez petites pour se fixer sur un porte-bagages de bicyclette — les bibliothécaires étaient souvent des employés de l'administration qui arrondissaient leurs fins de mois au noir. On ne pouvait savoir où ils s'arrêtaient que par le bouche à oreille.

Notre préférée occupait trois marches de la passerelle d'incendie de l'Emporium Mukherjee à Calcutta. Mon frère aîné, un véritable aficionado, m'assurait qu'elle contenait la meilleure collection de romans westerns du monde entier. Il suffisait d'y investir une fraction de roupie et de mettre en circulation quelques livres personnels pour pouvoir emprunter autant de Louis L'Amour et de Zane Grey qu'on était capable d'avaler. Ou encore des deux-en-un d'auteurs moins connus, dont l'une des couvertures montrait un Apache et l'autre, en retournant le livre, l'image d'un cow-boy à cheval avec ses pistolets étincelants à la ceinture. Parfois, grâce à la définition du western propre au bibliothécaire, il arrivait que l'on tombe sur un Jack London ou un Stephen Crane ;

181

cette heureuse erreur nous attirait dans l'univers d'autres auteurs d'aventures tels que Joseph Conrad, Alexandre Dumas ou Léon Tolstoï.

Parfois encore, en face du cordonnier chinois, apparaissait miraculeusement le bibliothécaire spécialisé dans les romans policiers et les classiques russes — marché largement subventionné par l'Union soviétique —, si bien que la lecture de Georges Simenon, d'Agatha Christie ou de Rex Stout était pour nous un corollaire de celle de Tchekhov, de Dostoïevski ou de Gorki.

Si, par conséquent, nos goûts furent formés par les seuls titres que les prêteurs trouvaient à acheter d'occasion, en revanche nous n'étions bridés par aucun snobisme littéraire ; nous étions persuadés que tous les livres tombant entre nos mains recelaient un plaisir potentiel et — plus important — qu'aucun ouvrage n'était trop difficile pour nous.

Le seul obstacle à notre appétit de lecture fut l'absence tragique de bandes dessinées dans les bibliothèques. Hélas, ces albums étaient en vente chez des libraires qui nous surveillaient d'un regard d'airain et réclamaient un paiement comptant. La dureté de ces hommes au cœur de pierre leur avait permis de posséder de vraies boutiques, petites échoppes en bois où ils attendaient le chaland assis en tailleur sur des draps blancs, couvant leur trésor avec un sourire satisfait. Nous laissions nos chaussures sur le bord de la route et grimpions pieds nus les deux marches conduisant dans leur antre, pour aller nous perdre dans le meilleur des mondes peuplé par Superman, Batman, Scrooge McDuck, Archie et Veronica, ou encore Nyoka la fille de la jungle. Plus tard, ces classiques en bandes dessinées s'avéreraient un atout inestimable pour obtenir un diplôme en littérature, parce que les intrigues et les personnages des grands romans occidentaux se seraient gravés sans douleur mais de manière indélébile dans nos esprits.

En grandissant, nous nous mîmes naturellement à fréquenter de véritables librairies telles que la librairie des Presses universitaires d'Oxford, située dans Park Street, la plus grande avenue commerçante de Calcutta, à une rue de chez Macaulay. Sachant que Macaulay avait convaincu le gouvernement britannique d'autoriser les Indiens à apprendre l'anglais pour en faire des employés de l'administration de l'empire, ce voisinage prenait tout son sens. Laissant dehors le concert de klaxons et la moiteur des rues, nous pénétrions dans le magasin comme dans une cathédrale. Nous nous approchions des rayonnages vitrés, en bel acajou verni, et demandions timidement nos livres à des vendeurs à lunettes dont la voix couvrait à peine le ronronnement des climatiseurs.

A Delhi, nous errions entre les piliers de stuc de Connaught Place en cherchant Ramakrishna & Fils; nous découvrions soudain, cachée derrière les majestueuses façades coloniales, une boutique où s'empilaient jusqu'au plafond des colonnes de livres toutes branlantes, et dont le priorétaire connaissait l'emplacement de chaque ouvrage et avait toujours ce qu'on lui demandait. Ou encore, nous allions flâner chez Faqir Chand, à Khan Market, parce que le libraire bossu ne nous laissait jamais repartir sans un stylo-bille ou un coupe-papier publicitaire, même si nous n'avions rien acheté.

A Bombay, dissimulé derrière les imposants bâtiments indo-sarrasins de l'université, le Strand Book Stall pratiquait une politique bienveillante à l'égard des étudiants, et on pouvait toujours y négocier un crédit pendant que les cadres de la pub venaient acheter *Catch 22*.

Dans ces librairies, nous prenions des poses d'intellectuels, nous attendions avec impatience les quatre nouveaux titres qui sortaient tous les mois chez Penguin et détaillions sur les ouvrages déjà parus les visages de Katherine Anne Porter, Nabokov, Nancy Mitford ou Evelyn Waugh. Parfois, nous délaissions les Penguin à dos orange au profit des poètes publiés dans la collection de poche jaune de Faber & Faber, ou encore nous mettions la main sur les éditions américaines de Gertrude Stein, Kerouac, Capote ou Nathaniel West, dont on pouvait assortir les couleurs vives des couvertures à sa tenue vestimentaire.

Cependant, notre passion pour la lecture n'était pas née dans ces établissements à but éducatif, mais devant les étals de rue et les bibliothèques de prêt qui s'offraient avec tant de ténacité comme l'indispensable adjuvant à chaque plaisir. Si vous alliez dîner au restaurant, il fallait passer de longues minutes à examiner les livres déballés devant l'entrée ; même chose à la sortie d'un cinéma ou d'un match de cricket, ou encore d'un bureau de tabac. C'étaient ces volumes étalés sur le trottoir qui avaient fait de nous des papivores.

Aujourd'hui, je lis avec la même gloutonnerie et je suis restée aussi éclectique que dans mon enfance. Qu'on me donne un livre d'histoire, une biographie, et je réfléchis des heures durant au comportement des hommes. Un roman contemporain, et je baigne dans le ton de mon époque. Un classique vénéré, et à chaque nouvelle lecture ma passion originelle pour le livre s'en trouve augmentée. Un volume de poésie, et j'éprouve cette sensation de coup de poing dans les reins, de « membres soudain glacés » dont parlait Emily Dickinson, sensation si indispensable au lecteur invétéré. Ou encore un ouvrage scientifique ou philosophique, car qui sait si je ne comprendrai pas un jour tout d'un coup la théorie du chaos ou les idées de Kierkegaard. Et qu'on n'oublie pas deux ou trois romans policiers au cas où mon avion aurait du retard.

Je le reconnais, je suis accro. Le virus m'a été inoculé par ces magiciens des rues qui racolaient comme des bonimenteurs de cirque, ces libraires sans cesse en train de remanier leurs étalages pour mieux nous séduire avec leur litanie de titres, pour mieux nous arracher à notre petit univers égoïste et nous ouvrir aux galaxies de l'imagination.

CHAPITRE 28

Intérieurs indiens

Au début du xxᵉ siècle, un jeune lancier indien du royaume de Jodhpur, qui s'était battu contre les troupes de l'impératrice douairière de Chine dans la rébellion des Boxers, prit un peu de repos et voulut se divertir en visitant le Japon. Comme il était de sang noble, il fut reçu par l'empereur dans son palais de Kyoto.

Le lancier fut horrifié par l'austérité dans laquelle vivait le dirigeant du trône du Chrysanthème. « Mis à part un paravent peint tout au fond, nota-t-il dans son journal, la salle d'audience était entièrement VIDE. »

Pour William Archer, la stupéfaction de l'Indien s'explique aisément. L'indianiste britannique décrit l'esthétique indienne comme un déploiement d'« excès gargantuesques ». Le lancier avait sans doute compris le principe zen illustré par le décor dans lequel vivait l'empereur du Japon, car « zen » est une déformation du mot sanskrit *dhyan*, qui signifie lucidité. Mais parvenir à la lucidité par la contemplation d'un seul et unique objet reste, pour un Indien, aussi improbable que d'arriver à voir quelque chose dans un tunnel.

Admirer sereinement le luisant d'une poterie parfaite n'est pas une occupation pour nous. Il nous faut les reflets de la lumière sur une centaine de pots différents, à une centaine de stades de délabrement différents. Ce que l'Occident cache dans ses greniers pour ses moments de nostalgie, l'Inde le garde fièrement à portée de main. Sur les murs d'une même pièce, peuvent se côtoyer une miniature du XVIᵉ siècle peinte par un artiste de la cour d'un empereur moghol et une photo de groupe commémorant une rencontre avec un fonctionnaire mineur au temps de l'Empire britannique, toutes deux étant éclipsées par les couleurs criardes d'un calendrier illustré de voluptueuses divinités ou de vedettes de cinéma.

Si cela rend l'intérieur indien intéressant, cela le prive de style, de portée, car il lui manque l'esprit de discrimination qui est à la base de l'esthétique européenne et américaine.

Ananda Coomaraswamy, le grand scribe de la culture indienne, porte un jugement impitoyable sur l'esthétique : il considère les esthètes comme décadents et incapables de réagir autrement que par la passivité. Or, la passivité n'a pas sa place dans notre décor. L'intérieur indien ose exister dans une civilisation où ères et cultures s'entrechoquent avec une force telle qu'il ne se maintient que par un acte de volonté, s'accrochant fermement à l'idée d'ordre au milieu du désordre, à sa croyance en la forme au milieu du dysfonctionnement.

J'ai entendu par hasard, un jour, une Française témoigner toute sa commisération à un maharajah qui lui faisait visiter son palais. « Comme vous devez être triste de le voir dans cet état, lui dit-elle. Il devait être formidable quand il était impeccable. » Il la regarda, éberlué ; il ne comprenait pas de quoi elle parlait. Aucun habitat indien n'a jamais été impeccable. Nos demeures sont toujours dans un certain état de décadence et de réassemblage. C'est dans cette versatilité que réside la différence essentielle entre l'excès indien et l'excès occidental.

Tout d'abord, en Occident, qui dit mobilité dit mouvement vers le haut. Grimper dans l'échelle sociale implique de pouvoir et de devoir apporter à son statut une amélioration visible, de vivre dans une résidence plus belle entouré d'objets, de meubles et de tableaux plus raffinés. En bref, la discrimination est tout. Mais les Indiens manquent d'argent. Ils n'ont pas les moyens de refaire le monde à l'image de leurs désirs. Contrairement à ce mouvement ascendant à l'occidentale, le foyer indien connaît une mutabilité amibienne capable d'assimiler à la fois un parcours individuel et l'histoire d'une civilisation qui, trop pauvre pour jeter les objets, les incorpore. Ou attend qu'ils tombent en ruine.

La maison d'un Indien n'est ni son château ni une scène de théâtre aménagée par un décorateur. Par nécessité, elle est organique. C'est pourquoi les voyageurs connaissent bien nos pièces hautes sous plafond, encore pourvues de ces grands cerceaux de fer datant d'un autre âge et d'où pendaient autrefois les *pankhas*, sortes de rideaux agités, grâce à un système de cordages, par des petits garçons cachés dans une pièce adjacente. Aujourd'hui, entre les cerceaux, est accroché un ventilateur dont les larges pales de bois abritent une nichée de moineaux, ces divers artifices ayant été déclassés par un climatiseur bruyant fixé de travers sous une fenêtre sculptée.

Si le foyer indien possède une esthétique, cette esthétique est le chaos, qui lui permet d'accueillir des particularités régionales aussi disparates que peuvent en présenter l'Espagne et la Scandinavie, à côté d'influences européennes héritées du long règne britannique et d'autres, islamiques, héritées de huit siècles de domination musulmane. C'est pourquoi un bungalow indien de type courant sera neuf fois sur dix entouré d'une véranda à colonnade, le nombre de colonnes indiquant le statut social du propriétaire. C'était le cas, du moins, jusqu'à ce que les Britanniques importent l'esthétique des chapiteaux grecs et romains. Décoration européenne et tradition hindoue se mêlent dans le foyer contemporain : un ensemble de stuc soutient le toit, où est suspendue la traditionnelle balancelle indienne, à côté d'un ensemble de meubles de jardin en fer forgé style réverbère européen. Au-dessus de la porte d'entrée pseudo-palladienne a été accrochée une guirlande sacrée de feuilles de basilic et de boutons de soucis pour bénir la maison, et sur le linteau qui n'a rien d'indien, est posée en équilibre précaire une image du dieu de la protection, le dieu à tête d'éléphant, Ganesh.

A l'intérieur, des tapis de laine ou de soie aux motifs persans recouvrent l'hiver les *dhurries* en coton dont on se contente au printemps. L'été, on enlève tout et on laisse nus les sols de pierre ou de marbre. Il est inévitable qu'une culture obligeant à se déchausser avant d'entrer dans une pièce accorde autant d'importance à l'aménagement des sols. Ensuite, on trouve une grande variété de meubles allant des plates-formes recouvertes de coussins et traversins où s'allongent les Indiens, jusqu'aux canapés victoriens sur lesquels les Anglais s'asseyaient raides comme des piquets, en passant par les vestiges Art déco et Art nouveau de l'époque où l'on dansait le tango en Inde.

Des passages couverts, des cours entourées de murs trahissent l'influence de l'islam et des harems et, dans la salle à manger — concept britannique —, des plats de cuivre et d'argent contenant des portions individuelles de nourriture (coutume imposée par les considérations de caste de l'hindouisme) côtoient avec bonheur des pièces de porcelaine européenne.

Au fil des ans, l'architecture et les objets venus de cultures étrangères ont été consacrés par l'usage et se sont intégrés à la vie indienne. Les possessions ne sont pas tant exposées que déposées quelque part en attendant de servir et prouvent de manière irréfutable que lorsqu'une force comme la vie rencontre un objet immuable, il faut que quelque chose cède. En Inde, ce quelque chose est généralement le bon goût.

Il ne sert donc à rien de demander à un Indien : « Mais que fait ce réfrigérateur branché contre un mur incrusté de cornalines et de lapis-lazuli ? » Parce qu'il va vous regarder comme si vous étiez un crétin et vous répondre : « Il rafraîchit mon eau. »

Le plus grand cinéaste de notre pays, Satyajit Ray, a fort bien résumé tout cela en notant l'infinie indulgence dont nous faisons preuve envers le délabrement. De fait, nos maisons ont le chic pour juxtaposer des éléments d'une beauté fracassante et d'autres d'une laideur tout aussi fracassante. Alors que cette intolérable tolérance déroute les visiteurs, elle laisse les Indiens curieusement imperturbables. Peut-être parce que nous voyons nos demeures comme des lieux de vie plutôt que comme des œuvres d'art. L'art, si tant est qu'il existe en Inde, se trouve dans le vivant.

CHAPITRE 29

Films

L'année de l'indépendance de l'Inde, Satyajit Ray contribua à la fondation de la Calcutta Film Society. Les années suivantes, il allait célébrer en Calcutta — souvent associée avec les seuls mendiants et bas-fonds — Mahanagar, soit la « Grande Ville ».

Le tournage de ses morceaux de poésie, qui disaient les souffrances de l'humanité dans la mégalopole, n'avait pas été tâche facile. Les hommes politiques avaient tenté de bloquer l'attribution du visa d'exploitation. « Ce film donne une mauvaise image de la nation, se plaignaient-ils. Le monde entier va croire qu'il n'y a que de la pauvreté chez nous. »

Qu'ils se rassurent : le monde entier s'en fichait. Les distributeurs occidentaux trouvaient les films de Ray trop lents et les distributeurs indiens refusaient de les diffuser sous prétexte que « les gens vont au cinéma pour oublier leurs problèmes. Qui a envie de retrouver la réalité à l'écran ? ».

Il est exact qu'en fuyant cette réalité le public indien a contribué à créer la plus grosse industrie cinématographique au monde. Cette activité est principalement basée à Bombay, et la ville, ne reculant devant aucune coquetterie, s'est elle-même baptisée Bollywood. Bollywood n'a rien épargné pour permettre à son public de rêver : films épiques religieux, mélodrames, films d'action connus sous le terme affectueux de «westerns curry», histoires de fantômes, dans chacun de ces genres on retrouvait les chants et les danses qui constituent un ingrédient essentiel du cinéma commercial indien. Mais, en cent ans d'existence, cette industrie, qui avait appris le métier des frères Lumière eux-mêmes lors de leur visite en Inde au tout début du siècle, n'a pas négligé la réalité non plus. Certes, les premiers films de Dadasaheb Phalke, *Rajah Harishchandra*, 1913, *La Vie de Krishna*, 1918, traitaient de thèmes mythologiques. Mais ils étaient faits pour ébahir les foules : ces petits miracles mettaient la réalité tellement en suspens qu'on pouvait voir les dieux voler au-dessus des humains.

Les barrières langagières étaient transcendées du fait que ces films étaient muets ; et grâce à notre mythologie commune, le réalisateur pouvait exploiter la magie de la nouvelle technologie pour amener son public à s'émerveiller des possibilités du septième art.

Cet atout-là, notre mythologie, a été indispensable au développement de notre cinéma. Les films indiens ont été décrits comme des pièces populaires transférées sur pellicule. Ils ont en commun des personnages puisés dans le folklore, des chants et des danses rituels, et des intrigues mêlant tragédie et comédie. Cette formule a permis à ce nouveau support de pénétrer dans les coins les plus reculés du pays et d'y véhiculer les thèmes familiers.

Dans les années vingt et trente, certains réalisateurs indiens tournaient des films à grand spectacle, parfois en Europe et avec des acteurs étrangers. Mais d'autres, sous l'œil attentif des administrateurs de l'Empire, utilisaient la forme narrative des pièces populaires et des thèmes apparemment innocents — tels que la vie du grand chanteur saint Meera-bai ou du roi héroïque Prithiv Raj — pour bâtir des allégories politiques à peine déguisées devant un public animé de ferveur nationaliste.

Films

Au moment de l'indépendance, les réalisateurs s'intéressant à des sujets qui se vendaient mal — l'usure ou la pauvreté des paysans indiens par exemple — réussirent à faire de commentaires sociaux puissants comme *Les Enfants de la terre** ou *Deux Hectares de terre*** des films à grand succès national et international. En même temps, le cinéma indien produisait des comédies et des mélodrames populaires, s'attachant les musiciens et chanteurs les plus talentueux pour composer une musique que les acteurs chantaient en play-back.

Mais les danses du cinéma commercial commençaient à devenir un peu plus suggestives : les chorégraphes compensaient déjà la censure imposée par les puritains de la nouvelle Inde et qui interdisait de s'embrasser à l'écran. Nos comités de censure l'avaient déclaré publiquement : le baiser était contraire à l'esprit indien.

A partir de la fin des années soixante, notre pays se mit à baigner dans l'argent du marché noir. Des fortunes souterraines se déversèrent dans l'industrie cinématographique, d'où elles ressortaient blanchies après lui avoir inoculé une nouvelle vulgarité. Les vedettes préférées du public gagnaient en sous-main des sommes énormes. Jouant dans trois ou quatre films en même temps, elles couraient d'un plateau de tournage à un autre suivies d'une foule croissante de flagorneurs. Ce furent les beaux jours du western curry, de la superstar, des sites extravagants. Au milieu d'une scène de danse débutant dans les vallées du Cachemire, on voyait tout d'un coup le héros et l'héroïne se lancer leurs invites voluptueuses devant la tour Eiffel ou la fontaine de Trevi. A côté de cela, il existait une autre scène de danse, assez

---

* Dharti Ke Lal, 1946. (*N.d.T.*)
** Bimal Roy, 1953. (*N.d.T.*)

mémorable, limitée à un gros plan sur les touches d'une énorme machine à écrire rouge.

Dès l'orée des années quatre-vingt, nos films pillaient sans vergogne les feuilletons américains et vantaient les effets de la richesse. Il n'était plus répréhensible d'être jeune, beau, occidentalisé et méchant. Jupes et robes faisaient leur apparition sur les hanches féminines, blousons de cuir sur les épaules masculines. Les acteurs passaient de plus en plus de temps à moto, en hélicoptère ou en hors-bord, et de moins en moins dans la campagne, où habitait pourtant quatre-vingt pour cent de leur public. Et les films étaient faits ou cassés par la suggestivité de leurs danses, nous laissant des regrets pour l'époque où un baiser était tout simplement un baiser et non un mouvement de piston agitant les hanches et les seins de deux personnages de sexe opposé. Au Parlement, on avait à peine remarqué que les acteurs indiens se remettaient à s'embrasser. Nos élus essayaient maintenant de censurer la danse.

Financés par un tout nouveau comité public, pendant ces deux décennies, les films de la jeune génération de réalisateurs essayèrent de combler le fossé entre les fantasmes du cinéma commercial et la réalité quotidienne. Mais au Kerala, un groupe de cinéastes tenta d'échapper aux largesses gouvernementales, dont le corollaire inévitable était l'ingérence de l'Etat dans leur expression artistique. Ils durent donc réunir seuls les sommes exorbitantes qui leur permettraient de payer la pellicule, les acteurs, les caméras et cameramen, l'éclairage, les ingénieurs du son, les costumes et décors, les labos, les studios de production.

Pendant des semaines, ils débattirent du meilleur moyen de financer leurs projets. Finalement, ils eurent l'idée novatrice d'organiser des projections payantes dans les villages du Kerala. Ils louèrent un camion et un projecteur et firent annoncer les spectacles pour le prix d'une roupie, soit quinze centimes par personne. Enthousiasmés, des villages entiers se rassemblèrent dans les rizières pour assister au grand événement. Le cinéma venait à eux, et à un prix abordable.

« Combien de temps avez-vous mis pour pouvoir financer votre film ? demandai-je à l'un des réalisateurs, Adoor Gopalakrishanan, lors d'un festival auquel il participait.

— Un an et demi.

— C'est tout ? Vous attendiez-vous à ce que ce soit si rapide ?

— Nous avons travaillé à frais réduits, en louant les films directement aux producteurs.

— Et qu'avez-vous choisi, comme réalisateurs ?

— Eisenstein et De Sica, Resnais, Pabst et Kurosawa. »

Nous savions tous deux que la grande majorité de ce public n'avait jamais mis les pieds en ville, ni même vu des images venues du monde extérieur. Et, tout d'un coup, on les forçait à assister à ces longs métrages classiques en noir et blanc.

« Ça leur a plu ?

— Bien sûr. Et pourquoi pas ? Les habitants de nos villages sont bien plus capables de comprendre l'intrigue des *Sept Samouraïs* que vous et moi. *Le Voleur de bicyclette* leur a bien plu aussi. Mais ils ont détesté *Hiroshima mon amour*. Là, je dois avouer qu'il y a eu des huées et des sifflements. »

Hiroshima mon amour. J'essayai de me représenter ce film si français par le dégoût du monde qu'il exprime, projeté en plein champ dans une région dépourvue d'électricité, au milieu des meuglements des vaches et des aboiements des chiens errants.

« Qu'est-ce qu'ils ont préféré ?

— Nous leur avons projeté *Le Cuirassé Potemkine*, d'Eisenstein, à plusieurs reprises. Si vous voulez mon avis, ils ont un goût plus sûr que le public de ce festival. »

Son histoire me rappela l'expérience de Louis Malle

filmant à Calcutta. Après avoir vu le documentaire sur l'Inde fait par Rossellini dans les années cinquante, Malle avait eu envie d'en réaliser toute une série à son tour. Un ami à moi, Santi Choudhary, qui avait travaillé avec Satyajit Ray pendant plusieurs années mais produisait maintenant ses propres films, était coréalisateur.

Un jour, le tournage fut interrompu par une manifestation gigantesque contre le gouvernement. Les esprits étaient enflammés, et on attendait jusqu'à un demi-million de personnes. La police avait diffusé des bulletins radiophoniques demandant aux gens de rester chez eux, quitte à ne pas aller travailler, et même de ne sortir qu'en cas d'urgence.

Bien décidé à filmer l'événement, Malle convainquit Santi de l'accompagner au Maidan, le parc situé au centre de Calcutta, où devaient se réunir les manifestants. Ayant prévenu le cinéaste que la foule pouvait devenir hostile en voyant les caméras et les micros, Santi réussit à garer le camion au cœur de la manifestation. Comme prévu, dès que les Français bien bronzés en descendirent, en tenue de safari et armés de tout leur matériel, un agent de la circulation se fraya un chemin vers eux avec force gestes et cris.

« Ne restez pas là ! Partez ! Grosse grève ! Danger ! Mauvais pour les étrangers ! »

Santi s'extirpa du camion et, d'un air de conspirateur, murmura à l'oreille du policier : « Vous ne pouvez pas nous autoriser à rester ? J'accompagne le grand réalisateur français, Louis Malle. »

La ruse marcha encore mieux qu'il ne l'avait espéré. Ravi, le policier joignit les mains : « Louis Malle ? Louis Malle en personne ? Mais j'ai vu ses films ! J'ai lu tout ce qu'on dit sur lui dans les *Cahiers du cinéma*. Servez-moi d'interprète, s'il vous plaît. Demandez-lui ce qu'il pense du travail de Jean-Luc Godard. »

Comme le fit remarquer Santi par la suite, si l'agent

de police ne maniait pas suffisamment bien l'anglais pour converser avec Louis Malle, comment avait-il fait pour comprendre les *Cahiers du cinéma*? La bible des cinéastes ne paraissait qu'en français. Cet homme, qui devait avoir un salaire de deux cents francs par mois tout au plus, confia à Santi qu'il avait économisé de quoi faire partie de la Calcutta Film Society. Et voilà qu'au milieu d'une manifestation décrite par les journalistes internationaux comme l'une des situations les plus explosives au monde, il discutait tranquillement du cinéma français Nouvelle Vague avec un réalisateur français.

Mais, comme l'a montré Satyajit Ray à travers ses films, Calcutta, c'est Mahanagar, la Grande Ville, et ses habitants sont capables de rêver dans les conditions les plus oppressives qui soient. Surtout, comme le prouve l'exemple du policier, leurs rêves ne se nourrissent pas nécessairement des usines à fantasmes de Bollywood.

Cela suffit sans doute à expliquer leur réaction le jour où un journaliste, lui-même au bord des larmes, annonça que Satyajit Ray était mort de maladie : les gens sortirent en masse de chez eux. Les bureaux fermèrent. Le gouvernement fut empêché de gouverner par des fonctionnaires qui désertaient leur poste.

De son vivant, le géant du cinéma avait toujours dû mendier l'argent de ses films. Pendant toute sa carrière, qui s'étalait sur quarante ans, ses restrictions budgétaires lui avaient rarement permis de faire plus de deux prises de vues pour une même scène, même une scène compliquée. Il avait dû dessiner à la main tous les cadrages de ses scripts pour que les premières séquences soient les bonnes. Il avait composé la musique, écrit les dialogues, créé les décors, dirigé la mise en scène, mis au point les productions d'essai pour des films tels que *Mahanagar, Le Monde d'Apu, Charulata* et *Le Salon de musique*. Lors de la projection de ses films dans des festivals internationaux, il avait été reconnu comme un maître dans son genre. Mais distributeurs et producteurs avaient été intraitables : «Vos réalisations ne se vendront pas. Nous voulons des films qui permettent aux Indiens d'échapper à leur vie sordide.»

Avant d'être reconnu dans son propre pays, il avait reçu plusieurs honneurs à l'étranger; le Président français était même venu le décorer de la Légion d'honneur sur son lit d'hôpital, et Hollywood (le vrai) lui avait décerné une médaille du mérite pour sa contribution au cinéma.

Mais, en Inde, son travail était assimilé à un gouffre financier et n'intéressait qu'une poignée de gens. Les distributeurs prétendaient connaître leur public. Voire. Exprimant spontanément leur chagrin, six cent mille personnes envahirent les rues de Calcutta pour rendre un dernier hommage à son corps, que l'on menait vers son bûcher funéraire.

Quel réalisateur a jamais reçu pareille reconnaissance de la part de son public?

CHAPITRE 30

Communications

Un dimanche matin de 1996, en parcourant rapidement un journal indien, je tombai sur trois articles côte à côte à la une, véritable miroir en triptyque de l'Inde contemporaine.

Une société de télécommunications pouvait désormais proposer aux Indiens propriétaires d'un micro-ordinateur un service leur permettant l'accès à Internet dans deux cent trente pays. C'était d'autant plus commode que les Indiens commençaient à faire passer des annonces matrimoniales sur les messageries électroniques.

N'étant plus limités à la lecture des journaux du dimanche, les intéressés du monde entier pouvaient désormais répondre à des demandes telles que : *Entrepreneur TP cherche rencontre av. JF traits fins, caractère, famille instruite. Envoyer CV.*

Ou : *Professeur associé cherche épouse compatible. Mariage précédent honorable.*

Ou encore : *Architecte D.E. étranger cherche mariage JF mince belle charmante pudique bonne éduc. et manières, caract. souple, joueuse de sitar sociable, humour esprit ouvert, cultivée, honnête loyale passé irréproch. anglais cour. de préf. architecte ou ingénieur TP.*

Heureusement pour la jeune fille, ce jeune homme exigeant avait ajouté : *Religion caste croyances indiff.* Les annonces matrimoniales ont subi un changement spectaculaire ces dernières années. De moins en moins, elles insistent sur une similitude de caste ou de religion ou excluent un divorce antérieur. Pour les deux sexes, les demandes semblent porter sur la formation et la qualification professionnelle. Un grand nombre d'annonces émanent de gens diplômés d'un MBA obtenu dans une université occidentale et vivant à l'étranger. Dans les pages spécialisées des journaux, elles sont même classées par rubriques professionnelles. *Médecins, Fonctionnaires, MBA/Experts comptables, Indiens expatriés, Autres étrangers.* Je ne fus donc pas étonnée de lire : *Recherche belle végétarienne étud. méd. couvent pour mariage médecin beau intelligent. caste indiff.*

Ou : *Américain blanc 35 ans sincère honnête cherche femme indienne.*

Ou : *Capitaine d'armée beau distingué décoré cherche épouse éduc. couvent de préf. infirmière des armées. Caste indiff., veuve acceptée.*

Cette bonne volonté envers les veuves prenait toute sa signification à côté d'un article sur la *sati,* cette abominable pratique hindoue qui oblige les veuves à se faire brûler vives sur le bûcher funéraire de leur mari.

La s*ati* a beau être illégale depuis près de deux siècles, elle fut pratiquée pas plus tard qu'en 1987 au Rajasthan. Une veuve de dix-huit ans, qui n'avait été mariée que huit mois, s'incinéra sur le bûcher de son mari devant les habitants de son village et des villages voisins venus assister à l'événement. Les autorités locales avaient fermé les yeux, prétextant que le sacrifice était inévitable.

«De toute façon, c'était une Rajput», dirent-ils.

Il existait en effet une tradition particulière dans cette caste de guerriers, dont les femmes se sacrifiaient pour éviter d'être faites prisonnières quand une bataille avait été perdue. Leur acte de dévotion leur valait d'être considérées comme des saintes ; leur cénotaphe devenait un lieu de pèlerinage révéré principalement par des femmes désespérant de donner un fils à leur mari. Cette jeune veuve s'était suicidée sur un bûcher dressé près des cénotaphes de trois autres *satis* du village.

Un peu trop optimistes sans doute, les autorités avaient espéré que cette triste affaire de *sati* moderne resterait un secret bien gardé. Mais la nouvelle se répandit comme une traînée de poudre, attirant des légions de pèlerins à qui il fallait fournir boissons gazeuses, souvenirs, nourriture, guirlandes de fleurs et encens à placer sur le lieu du sacrifice. Ces gens voulaient entendre de la bouche de ceux qui avaient connu la nouvelle sainte les récits de sa vie de simple mortelle et ceux des miracles accomplis depuis qu'elle avait atteint l'immortalité.

Les hommes politiques accoururent, avides de publicité. Certains déclarèrent que de tels actes d'héroïsme plaçaient la femme rajput bien au-dessus de ses sœurs indiennes. D'autres voulurent faire condamner les autorités, la famille de la *sati* et les villageois spectateurs pour complicité de meurtre.

Débarquant des quatre coins de l'Inde, journalistes et associations pour les droits de la femme s'abattirent sur le village. « Vous croyez vraiment qu'elle a pratiqué la *sati* de son plein gré ? criaient les groupes de femmes. Même si c'est le cas, elle n'était qu'une toute jeune fille ; elle cherchait à échapper aux cruautés qui, à la campagne, n'ont cessé de s'exercer contre les veuves : on les force à se couper les cheveux et à vivre de la charité de leur belle-famille en les traitant comme des esclaves. »

Je savais parfaitement de quoi elles parlaient. Un jour, j'avais voyagé en train dans un wagon plein de jeunes villageoises tondues dont les saris autrefois blancs et maintenant gris de poussière de charbon découvraient les épaules et les chevilles. Avec leurs longs cous vulnérables, elles avaient l'air d'enfants, ces veuves qui se rendaient à Bénarès où elles revêtiraient une écharpe de coton imprimée d'une prière. Et elles réciteraient *Hari Krishna Hari Ram* pour leurs maris morts en mendiant dans les rues jusqu'à ce qu'elles-mêmes finissent par mourir de faim.

Entre-temps, les journalistes essayaient de savoir si la jeune femme avait été forcée au sacrifice par une belle-famille avare et tentée de se faire de l'argent sur le dos des spectateurs. Et si c'était un complot monté par tout le village ? D'autres femmes seraient-elles amenées à commettre le même acte ?

Une journaliste reporter ayant visité la région me dit plus tard qu'elle avait interviewé les femmes du village : « J'ai été très surprise. Lorsque je leur ai demandé si elles-mêmes envisageaient de pratiquer éventuellement la *sati*, elles m'ont répondu : "Seulement si nos maris s'engagent à faire la même chose au cas où nous partirions les premières." »

Maintenant que la nation entière avait les yeux tournés vers elles, les autorités locales paniquèrent : elles interdirent de poursuivre la construction d'un temple et d'exploiter davantage la mort de cette veuve.

Aujourd'hui, dix ans plus tard, un jeune reporter audacieux a décidé de retourner sur place voir comment évoluait la situation. Il a constaté que les pèlerins déposaient toujours des guirlandes de fleurs sur le lieu du sacrifice et partageaient leurs repas au café du coin avec les villageois qui leur racontaient les miracles faits par la *sati*. Des antennes de télévision oscillent sur les toits des huttes. Ce détail lui a paru particulièrement horrible. Pour lui, ce village est entré dans l'ère des communications mondiales grâce à une pratique ancestrale et cruelle et s'y maintient grâce aux revenus de cette pratique.

Entre ces deux articles, celui sur Internet et celui sur

la *sati*, était insérée la photo d'un jeune homme aux traits fins et à la peau brune, qui portait des boucles d'oreilles et les cheveux aux épaules. L'article informait les lecteurs qu'une jeune star indienne du rock nous arrivait de Londres et que la musique qu'il jouait à guichets fermés était un hybride d'airs occidentaux et orientaux appelé Indi-pop. Sur la photo, le jeune rocker avait l'air d'un guerrier indien d'Amérique. Mais on nous précisait qu'il était déjà une star de l'Indi-pop — à moins que ce ne soit Raga-pop — et qu'il s'appelait l'Apache. Cela ne l'empêchait pas de porter des boucles d'oreilles semblables à celles des fermiers de notre pays. Peut-être aurait-il dû jouer du Bhangra-rock, cette autre musique qui fait fureur en Inde, et qui combine les rythmes lancinants d'une danse des moissons avec ceux, non moins lancinants, du rock and roll.

Quoi qu'il en soit, il n'avait pas à rougir de son apparence. Son jeune public féminin était lui aussi vêtu de manière hybride : saris et minijupes, bracelets de chevilles et Doc Martens, tuniques traditionnelles et Levi's déchirés. Ces toutes jeunes filles se permettaient de flirter avec la liberté avant de laisser les rigueurs de la société indienne entraver leur vie.

L'une des chansons de l'Apache était devenue un véritable tube. Elle portait le titre évocateur et bien indien de « Mariage convenu ».

CHAPITRE 31

Arbres

En Inde, lorsqu'un jeune homme et une jeune fille se fiancent, le prêtre de la famille lit leurs horoscopes pour voir s'ils sont compatibles. Mais les astres ne servent pas simplement à s'assurer que le couple est fait pour s'entendre. Les prêtres indiens se moquent éperdument de savoir si Paul va trouver sa Virginie ou Abélard son Héloïse. Ils recherchent la signification de l'union à plus vaste échelle.

« En entrant dans notre famille, cette fille va-t-elle nous porter chance ? s'inquiètent les parents du futur marié. Va-t-elle contribuer à nous enrichir ou, au contraire, jeter une ombre sur notre maison, hâter sa belle-mère vers sa mort ou nuire à la santé de son beau-père ? »

Si l'horoscope de la jeune fille révèle le moindre risque de ce côté-là, les prêtres hochent la tête et informent les futurs beaux-parents : « C'est fort triste, mais la belle-fille que vous avez choisie est *manglik.* »

Heureusement pour la jeune *manglik*, ce sort contre lequel elle ne peut rien ne la condamne pas à rester toute sa vie une vieille fille frustrée. Il existe une solution à son problème. Il faut d'abord qu'elle épouse un autre homme pour transférer sur lui sa mauvaise fortune. Ensuite, une fois purifiée, elle peut enfin contracter le mariage de son choix en étant assurée de n'apporter que de bonnes choses à sa belle-famille.

Mais où trouver l'homme suffisamment désintéressé pour accepter de prendre cette fille porte-malheur en premières noces et de la déposer ensuite, lavée de son mauvais sort, entre les bras d'un autre ? Les voyageurs ayant traîné leurs guêtres en Inde connaissent bien ces arbres aux branches desquels pendent des guirlandes de fleurs fanées. Ces guirlandes signalent la présence d'un mari. Au cours d'une cérémonie nuptiale aussi élaborée qu'entre deux êtres humains, la fiancée *manglik* est venue les y déposer comme elle les aurait passées au cou de son mari. Symétriquement, si c'est le fiancé qui est *manglik*, il prendra lui aussi un arbre comme première femme pour se purifier.

L'usage de l'arbre comme réceptacle du mal est aussi vieux que l'Inde. Pour les croyants, il est le dernier vestige sur terre d'une plante sacrée nommée Soma, nourriture des dieux. L'*Atharva Veda,* écrit un millénaire avant la naissance du Christ, contient la prière suivante :

Le péché, la pollution,
Tout ce que nous avons fait avec le mal
Grâce à tes feuilles nous l'effaçons.

Faut-il s'étonner que l'arbre soit sacré chez nous ? Ou que la forêt soit un *tirth,* un lieu de pèlerinage aussi saint qu'un temple ?

Pour les artistes, l'arbre revêt une signification plus large encore. Ils lui attribuent l'octroi du don artistique à l'humanité. Les Puranas, qui sont les plus anciennes légendes indiennes, racontent que, les dieux étant devenus querelleurs, Vac, Parole sacrée, fuit les profanateurs et alla se cacher au fond de l'eau. Lorsque les dieux vengeurs voulurent la reprendre, les eaux intimidées la leur rendirent. Parole sacrée alla donc se réfugier dans la forêt. De nouveau pourchassée, elle fut cette fois protégée par les arbres qui refusèrent de la livrer aux dieux méchants. Ils la remirent aux hommes, sous forme d'offrandes : la flûte, le tambour, le luth, le crayon. Ces objets, tous en bois, devaient leur servir à raconter la Création.

Pour les philosophes de l'Inde ancienne, la forêt symbolisait le cosmos idéalisé. Toutes les grandes académies philosophiques se réunissaient dans des bosquets. C'était une manière de reconnaître à la forêt, qui se suffisait à elle-même et se régénérait sans cesse, la capacité de combiner diversité et harmonie, ce qui était le but, l'aspiration vers lesquels tendait la métaphysique indienne. Ce n'est pas par hasard que nous considérons comme venu de nos forêts le grand corpus de la connaissance indienne : les Puranas, les Vedas, les Upanishads, les poèmes épiques que sont le *Mahabharata* et le *Ramayana*, les Yoga sutras et le traité médical qu'est l'Ayurveda.

Inévitablement, cette vénération sylvestre eut un impact sur nos villes. Suivant la géométrie de la philosophie indienne, la ville avait en son centre un bosquet d'arbres à partir duquel les rues se ramifiaient comme des branches : il fallait rappeler au citadin que l'homme n'est qu'une petite partie d'un gigantesque organisme vivant. Et lorsque les citadins avaient **rempli** leurs obligations envers les occupations **matérielles** de la ville — mariage, enfants, affaires civiques, guerre, métier, plaisir —, ils se retiraient dans la forêt, où ils partageaient la fin de leur vie entre la contemplation et la méditation, tirant des arbres la tranquillité nécessaire à leur réflexion.

Là encore, ce n'est pas par hasard que le Bouddha et Mahavira, respectivement fondateurs du bouddhisme et du jaïnisme, deux des plus grandes religions de l'Inde, sont parvenus à l'illumination non sur quelque chemin de Damas, mais en méditant sous un arbre.

Lauréat du prix Nobel, le poète indien Rabindranath Tagore a tenté d'expliquer l'importance de cette culture sylvestre dans son livre *Tapovan* : «La civilisation indienne se distingue en ceci qu'elle situe sa source de régénération, matérielle comme intellectuelle, dans la forêt et non dans la ville. Nos meilleures idées nous sont venues alors que l'homme était en communion avec les arbres. Les penseurs indiens, entourés par la vie de la forêt et liés à elle, ont ainsi puisé leur savoir dans la relation intime entre la vie humaine et la nature.»

On a l'impression que, depuis des milliers d'années, l'Inde tente de se préserver en tissant autour d'elle un manteau de moralité, d'art, de philosophie, de religion et, surtout, de mythologie.

Les arbres, si omniprésents dans la mythologie — ils fournissent ombrage ou refuge aux dieux —, sont devenus eux-mêmes sacrés. La déesse Meenakshi réside dans la forêt de Madurai, bois doublement sacré parce qu'il est aussi l'endroit où jouent le dieu Krishna et les filles de vachers, les *gopi*, qui le vénèrent. A Kanchi, le dieu Shiva, créateur et destructeur des mondes, est apparu à un sage assis sous un manguier. Depuis, l'arbre est un lieu de pèlerinage, et tous les manguiers sont sacrés.

Un peu partout, les arbres sont vénérés comme des incarnations de déesses. Bamani, Rupeshwari, Vandurga sont des divinités qui se révèlent aux hommes sous la forme d'arbres tels que le saal, le cèdre déodar ou le banian. Quant à Aranyani, déesse de la forêt, elle a inspiré toute une série de textes connus sous le nom d'Aranyani Sanskriti, qui pourrait se traduire par «civilisation de la forêt».

Cette civilisation, fondée par les premières peuplades de l'Inde, se transmet de nos jours chez leurs descendants. Dans les tribus, l'arbre est vénéré en tant que terre mère, non seulement parce qu'il régénère l'air, fournit nourriture et travail, ustensiles domestiques, matériaux combustibles ou fourrage, mais aussi parce que, sans lui, il n'y a ni sol ni eau, rien pour empêcher l'érosion de celui-là ou l'évaporation de celle-ci. Dans les vastes zones peuplées de tribus — Bhils, Santals, Nagas, Bishnois —, à chaque naissance un arbre est planté, qui portera le nom du bébé. Le lien établi entre eux est plus fort qu'entre l'enfant et sa famille, car l'arbre appartient en propre à l'enfant. On choisit des essences à croissance lente, de sorte que le végétal commence à peine à donner ses fruits lorsque l'enfant atteint l'adolescence : il devient alors son pourvoyeur. L'enfant, lui, doit protéger l'arbre.

Principale métaphore de la création, la forêt est vénérée comme symbole de fertilité inépuisable, très souvent représentée dans l'art indien sous la forme de l'arbre de vie et décrite dans la littérature comme paradigme du cosmos.

Au vu de toute cette vénération, adoration, reproduction artistique, littéraire ou philosophique, on a du mal à comprendre que les Indiens aient permis qu'au siècle dernier la moitié de leurs arbres soient abattus par les administrateurs de l'Empire britannique au profit des voies de chemin de fer et des mines, et qu'ils aient euxmême abattu l'autre moitié au cours de ces trente dernières années.

Les Ecritures hindoues nous apprennent que nous vivons au *Kalyug*, l'Age du Mal, l'ère de l'immoralité, dont le vice caractéristique est la vitesse. Les statistiques concernant le déboisement forestier du sous-continent prouvent très crûment que notre immoralité connaît une progression galopante.

Sur les milliers de kilomètres carrés de forêt vierge qui recouvraient encore la chaîne himalayenne népalaise en 1950, il a été calculé que si l'abattage commercial continue au rythme actuel il ne restera plus un seul arbre à la fin du siècle.

Coupes et carrières se partagent à égalité la destruction de la couverture forestière de l'Himalaya. Nous en connaissons l'impact sur les moussons, qui pour le sous-continent sont synonymes de vie ou de mort. Cela ne nous empêche pas de laisser déboiser sans scrupules. Et pourtant, la déforestation entraîne un cycle d'inondations et de sécheresses, de famines et de cataclysmes, cycle de plus en plus rapide à mesure que nos glaciers reculent, que notre sol s'érode et que nos eaux s'évaporent parce qu'il ne reste plus rien pour les retenir.

Sans arrêt nous voyons les rizières du Bangladesh payer le prix de notre indifférence : les rivières en crue débordent si fréquemment que plus personne ne s'indigne de savoir que, tous les ans, un demi-million de Bangladeshis vont perdre leur terre, leurs moyens de subsistance et même parfois leur vie. En remplaçant son culte de l'arbre par la consommation d'arbres, le sous-continent semble vouloir prouver qu'il ne sait plus lier la cause à l'effet.

Les sages qui récitaient autrefois les Puranas dans nos forêts anciennes avaient peut-être bien pressenti ce qui nous arrive aujourd'hui. La légende raconte en effet que les dieux errants se fâchèrent quand la forêt refusa de leur rendre Parole sacrée et la remit aux hommes sous forme d'instruments de musique et de littérature. Ils jetèrent alors une malédiction terrible sur les arbres : « De même que, sous forme d'instruments de bois, vous avez fait cadeau du sacré à l'humanité, de même, fauchés par des outils faits de votre corps — des haches aux manches de bois —, vous tomberez sous les coups des hommes comme frappés par la foudre. »

Il y a près de trois cents ans, des hommes et des femmes de la tribu bishnoi moururent en tentant de mettre fin à cette malédiction. Leur religion interdit de couper des arbres verts et exige la protection absolue du *khejari*, l'arbre qui leur procure ombre et fourrage. C'est ce qui a permis à leurs terres de rester fertiles alors qu'autour d'eux tous les champs cédaient la place au Thar, désert du Rajasthan. Même si cette expérience n'était pas la première dans l'histoire de la tribu, l'anecdote la plus souvent rapportée est celle du martyre d'Amrita Devi, une femme d'un village bishnoï du royaume de Jodhpur.

Comme tout son village, Amrita Devi avait été élevée dans le respect des arbres. Lorsque les bûcherons du maharajah, qui avaient besoin de bois pour alimenter leurs fours à chaux, arrivèrent armés de haches, Amrita Devi leur tint tête et les supplia de ne pas toucher à la forêt. Elle leur expliqua les croyances religieuses des Bishnoïs. Les bûcherons furent inflexibles. Comme ils s'attaquaient au premier arbre de la coupe, elle se jeta dessus et l'entoura de ses bras. Elle fut coupée en deux en même temps que lui, et mourut en prononçant des paroles qui devinrent la devise de sa tribu : « Une tête coupée se remplace plus facilement qu'un arbre abattu. »

La fille aînée d'Amrita Devi prit la place de sa mère. Elle aussi fut tuée, puis remplacée par sa sœur cadette, elle-même remplacée par la benjamine. Tout le jour, des hommes, des femmes et des enfants sans armes vinrent des quatre-vingt-trois villages voisins protéger la forêt, mais les bûcherons continuèrent sans relâche d'abattre les arbres et leurs protecteurs. A la tombée de la nuit, le bilan de la tuerie fut de quatre cents personnes originaires de quarante-neuf villages bishnoïs différents. Comme Amrita Devi et ses filles, des familles entières étaient mortes pour protéger la forêt de *khejaris*.

Aujourd'hui encore, cet événement est commémoré dans le village par une fête annuelle qui accueille régulièrement Sunderlal Bahuguna, que de nombreux Indiens vénèrent comme « le mahatma des forêts de l'Inde ». Pour lui, cette fête est « le pélerinage le plus significatif ». En effet, Bahuguna s'est inspiré de cette tribu bishnoï pour créer le mouvement Chipko, dont le but est de sauver ce qui reste de la forêt himalayenne.

Le mot *chipko* veut dire s'accrocher ; dans tout l'Himalaya, villageois et protecteurs de l'environnement, étudiants et bardes tentent de stopper la déforestation en s'accrochant aux arbres voués à la tronçonneuse par les négociants en bois. Le mouvement s'attache également à reboiser, luttant pour remplacer les plantations monospécifiques d'essences à croissance rapide (telles que l'eucalyptus et le pin, rentables pour l'industrie du papier mais n'enrichissant ni le sol ni les gens vivant de ce sol) par des essences à croissance lente et des forêts mixtes dont dépendent si lourdement l'économie et l'équilibre écologique de l'Inde.

Le mouvement s'est étendu jusqu'au sud du pays. Là, il y a dix ans, un groupe de paysans, hommes et femmes, s'abattit comme des sauterelles sur une pépinière gouvernementale ; ils arrachèrent des milliers de plants d'eucalyptus et les remplacèrent par des tamariniers et des manguiers, arguant que ces arbres étaient les seuls utiles à la préservation de la vie et du sol. Naturellement, ils furent jetés en prison ; entre-temps, les journaux continuaient de publier des annonces pleine-page pour ces pépinières massivement soutenues par les progressistes de la Banque mondiale, qui poussaient l'Inde à investir dans l'eucalyptus. L'ARGENT POUSSE SUR LES ARBRES ! criaient les publicités. EMPOCHEZ L'OR VERT ! Parfois, on ne mentionnait que l'enrichissement et pas même les arbres. RÉALISEZ DES GAINS EXCEPTIONNELS !

Pas plus que leurs collègues de la Banque mondiale, les dirigeants de ces pépinières n'auraient répondu à la définition du **bon** gouvernement que donne un conte tribal des Santals, habitants du Bengale et de l'Orissa.

Il était une fois un roi qui possédait de nombreuses citernes. Autour des plans d'eau, il avait planté des manguiers, des shoreas, des palmiers, des banians. Les banians étaient les plus gros. Chaque jour, après son bain, le roi se promenait et inspectait ses arbres. Un matin, il aperçut une jeune fille qui grimpait dans un banian ; dès qu'elle fut confortablement installée entre ses branches, l'arbre monta au ciel. Mais quand le roi revint le soir, il le retrouva à sa place.

La même chose se répéta trois ou quatre jours de suite. Le roi n'en parla à personne, mais, un matin, il monta dans le banian avant l'arrivée de la jeune fille. Quand elle apparut et escalada les branches à son tour, l'arbre s'éleva et le roi se trouva porté dans les nues avec elle.

Arrivée au ciel, elle descendit et se mit à danser avec un groupe de *gopi* célestes. Le roi se joignit à elles. Il était si absorbé qu'il ne vit pas le temps passer. Lorsque enfin il voulut s'échapper, le banian avait disparu. Il fut obligé de rester.

Il se mit donc à errer dans les cieux et tomba bientôt sur un groupe d'hommes qui construisaient un palais à la hâte. Il leur demanda à qui il était destiné, et les hommes lui répondirent : « A toi. Parce que tu es un bon roi qui plantes des arbres pour que tes sujets aient de l'ombre et de la nourriture longtemps après ta mort. » Soudain, le banian réapparut ; le roi monta dedans et fut ramené sans encombre sur terre.

Le roi prit ensuite l'habitude d'aller rendre visite à son arbre chaque matin ; en voyant qu'il ne se desséchait pas — alors qu'il avait été déraciné pour monter au ciel —, il en conclut que ce qu'il avait vu était crédible. Il se mit donc à préparer sa mort, sans répondre aux questions que lui posèrent ses courtisans quand il répartit ses richesses entre ses sujets. Quelques jours plus tard, il mourut. Il fut transporté dans le palais qu'il avait vu construire dans le ciel. « Parce que, disent les Santals, les arbres que l'on a protégés dans ce monde nous honoreront dans le prochain monde et dans tous les mondes suivants. »

Je ne peux qu'être d'accord avec les Santals. Certes, planter un arbre honore celui qui le fait — y compris tous ces politiciens qui s'exécutent avec des sourires figés devant des batteries de caméras. Mais en tant qu'Indienne, je sais qu'il y a là davantage qu'une question d'honneur.

Pour nous, protéger nos arbres est autant affaire de culture que de conscience écologique. Nos forêts ont été le berceau, l'université, le monastère, la bibliothèque de notre civilisation. En troquant notre amour de l'arbre — dont nous avons hérité une vision du monde où homme et nature sont interdépendants — contre une culture occidentale faisant de l'homme un monarque consommateur de nature — déboisant au profit de l'agriculture puis de l'industrie —, nous abandonnons notre capacité de comprendre la relation entre les êtres vivants pour embrasser une vision linéaire du monde, uniquement orientée vers le profit.

Si nous n'avons pas bien compris ce que signifie ce choix pour notre planète, qu'il nous suffise de tendre l'oreille au cri d'alarme poussé par les astronautes. Ils nous apprennent que, de l'espace, on ne voit plus la Terre. Que, de la Sibérie au Brésil, notre planète est obscurcie par un nuage de fumée qui monte des bûchers funéraires de nos grandes forêts.

Depuis toujours, et non sans un certain dédain pour les autres pays, simples terres de consommation, l'Inde s'enorgueillit d'être Karma Bhoomi — la Terre de l'Expérience. Il est vrai que depuis ses contes folkloriques jusqu'aux ouvrages monumentaux qui forment les piliers de sa civilisation, l'Inde ne manque pas d'expériences capables d'aider le monde à trouver un équilibre entre la technologie et la conservation de la planète.

Le serpent et l'échelle

Mais si la malédiction des Puranas semble se réaliser enfin, si les Indiens persistent — telle la foudre — à faucher leurs arbres, alors nous deviendrons un peuple plus déraciné que jamais. Littéralement, nous nous couperons de nos racines culturelles et philosophiques.

CHAPITRE 32

Chant d'amour de l'Inde

Au XIIe siècle, le poète Jayadeva chantait le plus grand chant d'amour de l'Inde devant le temple de Jaganath, dans la ville sainte de Puri, pour que les passants étrangers au temple et interdits d'entrée puissent eux aussi écouter les récits des rencontres amoureuses et des tromperies, des séparations et des consommations décrites dans le *Gita Govinda*.

Le temple de Jaganath est un des lieux de pèlerinage les plus sacrés de l'Inde, car il abrite la dernière incarnation bénigne du dieu Vishnou. Quand notre ère sera révolue, Vishnou se réincarnera en Kalki et détruira le monde.

Gardiens d'un trésor inestimable, les prêtres de Jaganath comptent parmi les plus implacables du pays. Seuls les hindous des plus hautes castes ont le droit de pénétrer dans le temple. Et pourtant Krishna, incarnation antérieure de Vishnou, se gagne non par la caste mais par la *bhakti*, amour extatique de Dieu qu'atteignent les adeptes souhaitant mourir en prononçant Son nom. Et nombreux sont ceux qui, se pressant dans la foule pour toucher l'idole promenée en procession dans les rues de la ville, ont trouvé la mort écrasés sous les énormes roues du chariot de bois.

Au XIIe siècle, donc, Jayadeva chantait devant le temple, pour le bénéfice de tout un chacun, les aventures de la *gopi* Radha et de son adoration pour un jeune vacher au teint sombre et au corps parfait. Le vacher n'est autre que le divin Krishna ; il joue une musique lancinante sur sa flûte, séduisant toutes les jeunes filles et brisant le cœur de Radha tout en accroissant son désir. Des images érotiques saisissantes de sensualité représentent celle-ci faisant l'amour à Krishna dans le *Chant de Dieu* de Jayadeva.

Devant le temple, une pierre plate à même le sol commémore l'époque où hindous des basses castes, musulmans, bouddhistes ou jaïns, interdits de temple, écoutaient Jayadeva chanter l'amour de **Radha** pour l'adultère Krishna dans l'un des plus beaux écrits poétiques du monde. Ils entendaient la plainte douloureuse de Radha demandant à son compagnon de retrouver ce dieu qui venait dans son lit griffé de ses étreintes avec d'autres femmes, et le refrain de ses lamentations éhontées : « Ô, mon ami, amène-le à me faire l'amour. »

Ils l'écoutaient exprimer le désir sexuel qui lui avait fait quitter sa maison pour errer de nuit dans les jungles dangereuses à la recherche de son dieu, ce dieu qu'elle attendait sans fin, dans une fièvre de désir et de crainte, et qu'elle voyait arriver le corps couvert de traces de khôl et de bois de santal, ce dieu qui lui mentait et qui la faisait trembler dès qu'il la touchait.

Tous ceux qui avaient entendu ce chant s'étaient laissé gagner par l'extase de Jayadeva, y compris le roi de Puri, qui payait des jeunes filles pour exécuter des danses religieuses et chanter dans l'enceinte du temple. Ce roi aux sens égarés décréta qu'il devrait entendre le *Gita Govinda* tous les jours, à l'aube et au crépuscule. Le seigneur devait s'éveiller et s'endormir les oreilles bercées par cette mélodie divine.

Ce chant d'amour fervent se répandit dans toute l'Inde comme un feu de brousse, ajoutant une nouvelle dimension à la mythologie de Krishna. L'histoire de l'Inde regorge de ces mouvements *bhakti*, grandes vagues d'extase spirituelle brisant l'emprise de l'exclusion sociale et religieuse pour embrasser toutes les couches de la société indienne dans une seule et même passion. Siècle après siècle, poètes et chanteurs, perdus dans leur extase, ont mobilisé des millions de gens pour rompre les digues cloisonnant la société. Mais nulle part la *bhakti* n'a été aussi parfaitement dite que dans le *Gita Govinda*, ni aussi parfaitement chantée que par Jayadeva, qui exprimait par la bouche de Radha son propre désir d'union avec son dieu.

Huit siècles plus tard, je me rendis au temple de Jaganath en espérant entendre ce même chant dédié au dieu prêt à s'endormir. Mais j'y appris que la gestion du temple avait été confiée au gouvernement, et qu'il n'y avait plus d'argent pour payer les chanteuses. Puis un prêtre se souvint que la dernière d'entre eux habitait toujours en ville. Après s'être fait prier un peu, elle consentit à venir au temple chanter le *Gita Govinda* une dernière fois.

A onze heures précises ce soir-là, je pénétrai dans le temple et passai devant l'imposante tour encerclée de sculptures érotiques avant d'entrer dans la salle principale. La soirée était chaude; les gens bavardaient assis par terre, se prosternaient ou disaient leur chapelet, tandis que les enfants couraient partout, tenant à bout de bras des guirlandes de fleurs. Des gens âgés, au visage austère, récitaient leurs mantras; sur leurs genoux, ils tenaient leurs offrandes aux dieux, des feuilles sur lesquelles ils avaient posé des fleurs d'hibiscus et de souci et des morceaux de noix de coco. Le mélange habituel de réunion de voisinage et de dévotions que l'on trouve dans tous les temples indiens. Au fond de la salle, je découvris une femme d'environ soixante-dix ans, qui avait une jambe cassée et était allongée de tout son long sur le dos, la tête appuyée sur les genoux de sa fille. Le prêtre qui m'accompagnait me murmura qu'elle était la chanteuse, mais elle semblait si mal en point que j'hésitai à la déranger. Elle répondit du bout des lèvres à mon bonsoir et détourna la tête.

Derrière les énormes portes qui séparaient le sanctuaire de la salle, étaient cachées les figures du dieu et de sa famille. En attendant que les portes s'ouvrent, je m'assis par terre en regardant les bébés marcher à quatre pattes autour de leurs mères sur le sol dallé. Je pensais à la tour du temple, dont les personnages sculptés s'adonnaient à une joyeuse copulation, et me demandais pourquoi les Indiens pouvaient les regarder sans se mettre à rire bêtement, alors que les Occidentaux si sophistiqués, et pourtant habitués à la pornographie télévisée et à la publicité provocante, ne pouvaient les voir sans gêne. C'est peut-être notre délectation totalement dénuée de culpabilité qui dérange tant les visiteurs étrangers.

Soudain, les cloches sonnèrent et les portes du sanctuaire s'ouvrirent en grand. Les dieux se trouvèrent exposés, idoles de bois aux formes totémiques héritées de la culture tribale et que les nouvelles religions, incapables de les remplacer, s'étaient contentées d'incorporer.

En présence des dieux, l'atmosphère s'électrisa et se chargea de ferveur religieuse. Les gens chantaient et psalmodiaient des prières, leurs voix s'élevant dans une sorte d'urgence ; ils s'approchaient de la rambarde qui les séparait du sanctuaire. Je vis la vieille femme s'avancer en boitant. Les prêtres lui frayèrent un passage pour qu'elle puisse venir se placer face aux dieux. Mains croisées, yeux fermés, elle se mit à chanter, d'une voix fêlée et peu mélodieuse. Elle n'arrivait pas à suivre le rythme exigeant, l'expression précise, les différents *ragas* exprimant différentes humeurs, qu'exigeait le *Gita Govinda*. Perdant vite leur intérêt pour sa voix qui, si elle avait été sublime, aurait dû livrer le dieu à des rêves apaisants, les prêtres plongèrent l'assistance dans l'obscurité. L'odeur du camphre que l'on brûle se répandit, la voix de la vieille chanteuse mourut, cependant que les prêtres plaçaient leurs lampes en cercle autour des divinités et distribuaient de la nourriture aux fidèles, faisant prestement disparaître les pièces de monnaie qu'on leur tendait en échange.

La femme sortit en boitillant, appuyée au bras de sa fille et visiblement irritée de mes idées romantiques qui l'avaient arrachée au confort de sa maison. Comme elle acceptait les quelques billets que je lui glissai, je me rendis compte que sa mauvaise humeur était légitime.

Dans l'Inde moderne, la sexualité est de plus en plus dictée par les modes occidentales ; la tranquille assurance sensuelle et sexuelle ayant permis de créer nos majestueux monuments érotiques est maintenant remplacée par des fantasmes tout emballés.

Les jeunes Indiens ont eu accès à MTV et à ses versions orientalisées dès 1990, au moment où l'Inde s'est ouverte aux réseaux câblés. Depuis, ils se plient aux pratiques sexuelles et amoureuses courantes en Amérique et en Europe. En même temps, plus bas dans l'échelle sociale, là où les mœurs de la société traditionnelle interdisent les rapports sexuels avant un mariage arrangé par les parents, prolifèrent certaines publications suggérant que plus l'Indien s'urbanise, plus forte est la répression pesant sur sa sexualité.

Un phénomène nouveau se répand des petites villes vers les grandes : les petites annonces roses. Ces deux ou trois dernières années, le nombre de nouveaux magazines tels que *Broad-Minded* (Large d'esprit) ou *Pussy Cat*, publiant des articles sur Mère Teresa à côté de pages entières d'annonces, est en augmentation régulière. On y propose généralement des parties fines avec des inconnus : *Secret KGB assuré/exigé* ; des initiations sexuelles :

Vous voulez goûter au fruit défendu ? Jeunes filles timides et réservées bienvenues; de l'expérience : *Première fois ? Vierge ? Solitude ? Fantasmes inavouables ?* ; ou encore le frisson de l'adultère en toute sécurité : *Femme au foyer trop seule ? Propose lieu de rencontre tolérant. Rencontre deux femmes pour plaisir mutuel.* Nous avons beau être le pays du *Kama Sutra*, ce grand texte sur la sexualité écrit par un sage célibataire, nous avons beau avoir la Pagode noire de Konarak, avec ses statues de six mètres de haut unies dans une étreinte totale, nous avons beau adorer la forme phallique de Shiva et placer des guirlandes sur le *yoni* de la déesse, cela ne nous empêche pas aujourd'hui de répondre à ce genre d'annonces : *Couple mûr bonne éducation bonne hygiène esprit large aimant s'amuser intéressé par rencontre av. dames, messieurs, couples, bonnes manières exigées. Stricte confident. assurée.* Ou encore : *Couple, première fois : elle bi, lui bien monté.* Et des promesses, encore des promesses : *Chérie c'est ton jour de chance. Mec terriblement beau, absolument épuisant.*

Reviens, Jayadeva. L'Inde a besoin d'un deuxième *Gita Govinda*. Ne vois-tu pas que le pays entier est en mal d'amour pour pouvoir crier ainsi à des étrangers dans des magazines : «Ô, mon ami, amène-le à me faire l'amour» ?

CHAPITRE 33

Ancienne mode

Il y a plusieurs milliers d'années, les grands sages de l'Inde, communiquant grâce à leurs pouvoirs télépathiques, décidèrent d'un commun accord de se pencher sur le sort de la condition humaine. Ils se retirèrent donc par lévitation dans une grotte au cœur de l'Himalaya ; de leur sommet de la sagesse résulta une science connue sous le nom d'Ayurveda, ou Connaissance de la vie.

Après de longues méditations, les sages de l'Ayurveda avaient compris que le Temps était Maya, le grand jeu des illusions déguisant l'énergie éternelle de l'univers. Ils avaient aussi compris que l'homme craignait le Temps, car de tous les êtres vivants il était le seul à se savoir mortel. Ils se demandèrent donc comment faire acquérir aux humains, vu leur état d'activité constante, la concentration nécessaire pour découvrir la force-vie universelle ; en effet, seule cette force pouvait les aider à réaliser leur moi éternel et les guérir de leur crainte du Temps.

En d'autres termes, comment donner aux hommes l'énergie de rester tranquilles ? Ce paradoxe influence tous les aspects de la pensée indienne ; au fil des siècles, plusieurs disciplines ont évolué dans un sens qui permette à l'humanité de trouver l'équilibre nécessaire à l'immobilité.

Pour l'oreille, il y a la récitation des mantras, ou syllabes sacrées. Quelle que soit la signification religieuse qu'on leur accorde, c'est une simple série de sons qui, psalmodiés, visent à calmer l'esprit par la répétition constante. Cette discipline présente des points communs avec la musique indienne, qui utilise comme mantra une gamme unique répétée sans fin de façon à produire un état méditatif élevant musicien et public au-delà du plaisir, et jusqu'à la contemplation.

Pour l'œil, nous avons les mandalas, formes circulaires et dessins figuratifs, et les yantras, motifs géométriques, censés être porteurs des codes secrets de l'existence. Même en laissant de côté leurs prétentions mystiques, ils restent des aides visuelles à la méditation. On retrouve ces motifs sur les textiles et les objets artisanaux. Leurs couleurs ont défini les états psychologiques induits par la peinture indienne.

Le corps entier est le domaine de la science du yoga. Les épigrammes du sage Patanjali établissent les élongations et les *asanas*, ou postures, d'un ensemble de disciplines physiques créées pour libérer l'énergie. La plus haute et plus importante pratique yogique est le contrôle de la respiration, parce que le souffle est l'origine de la vie. Les yogis maîtrisant cette discipline sont capables de ralentir leur rythme respiratoire et d'atteindre un état proche de la mort, abolissant la frontière entre le concept humain de vie et la vie éternelle.

L'Ayurveda, qui considère l'être humain dans sa globalité, reconnaît trois formes de souffrance : physique, mentale, spirituelle. Pour alléger la souffrance corporelle, il a compilé une vaste encyclopédie de plantes médicinales, dont beaucoup ont été découvertes par les peuplades primitives des forêts et des montagnes. Pour calmer l'esprit, l'Ayurveda prescrit plusieurs méditations permettant au patient d'entrer en harmonie avec lui-même et de contrôler son besoin de bouger, qui est destructeur. Quant au dernier et principal souci, la santé de l'âme, les sages sont formels : aucun être humain ne peut se libérer de la souffrance s'il ne comprend pas l'interdépendance de toutes les formes de vie.

Pour aider l'homme à vivre dans le monde extérieur, nous avons le Vastushastra, ensemble de traités sur l'architecture. Le *vastu* part du principe que l'acte originel d'architecture est la terre, qui abrite toutes les formes de vie. Lorsqu'une maison est construite, certains rituels doivent l'accompagner. Les fondations d'une demeure sont une invasion de la terre ; l'architecte doit donc y placer graines et racines pour la réensemencer. La pose de la poutre principale de la charpente donne lieu à un autre rituel : il faut rappeler à l'homme le temps passé, où l'arbre était le support accueillant les branchages et les peaux de bête de la première demeure microcosmique, dans l'habitat plus vaste qu'est la terre.

L'architecture de la maison doit prendre en compte les éléments qui composent la vie : la terre, l'air, l'eau, le feu, l'énergie. La construction idéale consisterait en une série de bâtiments spacieux, ouvrant sur plusieurs cours, espaces purs dans lesquels les éléments se meuvent librement, comme sur terre. Il faudrait aussi un pavillon, espace contenant de l'espace, pour permettre aux énergies des champs magnétiques de la terre d'y pénétrer par tous les côtés. Enfin, des instructions précises quant à la plantation des jardins et des arbres, à l'alignement des plans d'eau et à la nécessité de préserver eau et air de la pollution rapprochent l'acte de construire de la création d'un être vivant.

L'usage des mantras, des mandalas ou du yoga comme chemins de la réalisation de soi a toujours été courant en Inde. Aujourd'hui, l'Ayurveda et le Vastushastra reviennent en force. C'est signe qu'enfin les Indiens acquièrent suffisamment de confiance en eux pour tenter de trouver les réponses à leurs problèmes dans leur propre savoir. Malheureusement, l'intérêt renaissant pour le *vastu* s'appuie en grande partie sur une croyance superstitieuse : une maison bâtie selon ces préceptes s'attire des énergies bénéfiques apportant chance et richesse au propriétaire. De plus en plus de livres sur l'Ayurveda commencent à donner des conseils de beauté, réduisant une conception globale et harmonieuse de l'univers à des préoccupations narcissiques.

Les contemplations censées mener à une compréhension des principes unificateurs de la vie sont elles-mêmes si souvent détournées à des fins égoïstes que Rabindranath Tagore, notre prix Nobel, n'a pu s'empêcher de tempêter : « Hélas, mon pays sans joie, vêtu de haillons, affublé d'une sagesse décrépite ! Toi qui t'enorgueillis d'avoir percé à jour l'imposture de la création, tout ce que tu sais faire, c'est rester oisivement dans ton coin en aiguisant le rasoir de ton charabia métaphysique... »

Même si je trouve Tagore un peu dur, je reconnais que, dépourvues d'une philosophie unificatrice, nos pratiques ont réussi à fragmenter une vision du monde autrefois intacte, dans laquelle l'homme est gardien d'un organisme vivant et responsable de son fragile équilibre. Le résultat n'en est que trop visible. L'Inde moderne est un vaste concert cacophonique. Plus que de sages expliquant la nature de l'unité éternelle, ce dont elle a besoin aujourd'hui c'est d'hommes sages qui puissent analyser nos discordances, d'observateurs capables de dire pourquoi nous persistons à délaisser le vivant pour le brillant et ainsi, peut-être, de nous aider à jeter un pont entre notre passé et notre présent.

L'universitaire G.V. Desani me semble mériter l'appellation de sage moderne. Il en a acquis toutes les lettres de noblesse. Ascète pendant quatorze ans, il a parcouru le pays de bout en bout en étudiant la philosophie, et s'est soumis à des disciplines physiques rigoureuses pour comprendre le lien qui existe entre notre savoir ancien et notre époque moderne. Bloqué en Angleterre pendant la Seconde Guerre mondiale, il a écrit son extraordinaire roman, *All about H. Hatterr* (Tout ce que vous voulez savoir sur H. Hatterr) sur un simple coup de cafard.

M. Hatterr est un Eurasien vivant à Bombay. Il vient de faire faillite et son ami, M. Banerji, lui trouve un emploi auprès d'un journal indien qui lui commande des articles sur les différents sages. Chacun des sept gourous que rencontre Hatterr a fait fortune en exploitant la crédulité de ses adeptes et lui donne une leçon de philosophie sur l'art de vivre. Lorsqu'il essaie de les appliquer, il s'embarque dans une grande aventure et sera conduit par inadvertance à une illumination qu'il décrira en ces termes à son ami : « Quant à la *Vérité*, tout ce que je peux en dire c'est : "Sacrément mystérieux !" »

A travers le regard d'un reporter amateur mi-indien, mi-occidental plongé au cœur du chaos indien, Desani utilise les écoles philosophiques indiennes les plus complexes à des fins comiques, dénonçant le jeu des illusions au centre de la métaphysique indienne. Pour réussir ce brillant exercice intellectuel, il a inventé un anglais indianisé si saisissant qu'il lui a valu des hommages étonnés de la part de T.S. Eliot, d'Edmund Wilson et d'E.M. Forster, et qu'Angus Wilson a qualifié de « véritable langue (…) au même titre que l'anglais de Shakespeare ».

Mais l'histoire continue via son auteur. De retour en Inde avec ses critiques enthousiastes, Desani, comme son héros, essaie de travailler pour la presse. Au magazine *The Illustrated Weekly,* le rédacteur en chef refuse de croire qu'il a reçu l'admiration de figures littéraires telles que T.S. Eliot et insinue qu'il a rédigé ces critiques lui-même. Vexé de voir sa bonne foi mise en doute, Desani se retire dans une cellule bétonnée et entre en transe yogique. Il abaisse son métabolisme juqu'à approcher de la mort et se maintient dans cet état jusqu'à ce que le rédacteur en chef vienne lui présenter des excuses. Mais, comme le note Hatterr à la première page de son livre :

AVERTISSEMENT !
Improbable, dites-vous ?
Non, messieurs.
En Inde, tous les improbables sont probables.

Cet incident aurait eu sa place sous la plume du caricaturiste politique Laxman, qui travaille pour le journal national *Times of India.*

Si l'Inde a besoin d'une version contemporaine du grand jeu des illusions, ou Maya, qu'il lui suffise de jeter un coup d'œil à la manière dont Laxman croque le pouvoir jour après jour. Le monde politique indien a fourni au dessinateur une mythologie tout aussi élaborée, tout aussi bourrée de personnages et d'incidents hauts en couleur que le *Mahabharata* et les luttes pour le pouvoir qu'il décrit. Mais, notre époque égalitaire manquant de grandeur épique, il n'est que justice qu'elle s'exprime par la bouche du Monsieur Tout-le-Monde du satiriste.

Sur chacun de ses dessins, le même personnage, un citoyen ordinaire à la mine étonnée de quelqu'un tombant par hasard sur un spectacle de théâtre, observe le comportement de plus en plus bizarre des figures politiques du pays. De son petit coin en bas de la page, il assiste aux machinations mégalomaniaques des grands, son air éberlué crevant comme des baudruches les aveuglements des humains mieux que ne le feraient les maximes d'un sage.

Le personnage ordinaire de Laxman trouve son pendant chez son frère, l'écrivain R.K. Narayan, dont les romans (*Le Licencié ès lettres, L'Ingénieur Mr Sampath, L'Expert financier, Le Professeur d'anglais, Le Vendeur de bonbons*) décrivent l'univers modeste de la petite ville fictive de Malgudi. Ce lieu, lui-même mi-village, mi-ville contemporaine, permet à Narayan d'observer la collision entre les deux mondes tout en créant une palette de personnages dont les vies ont façonné la chronique de l'Inde moderne.

Dans *Le Guide*, un délinquant s'évade de prison et cherche refuge dans un temple, se faisant passer pour un saint homme. Mais une sécheresse frappe le village ; les habitants, n'ayant foi qu'en ses seuls pouvoirs sacrés pour l'arrêter, l'aident à jeûner jusqu'à l'arrivée des pluies. Mendicité et superstition s'affrontent dans un combat pour la vie. Dans *Le Peintre d'enseignes*, un homme simple qui s'enorgueillit de sa calligraphie est embauché pour peindre des slogans d'éducation sociale par une militante féministe citadine dont il tombe amoureux. Il lui fait la cour, et cette rencontre entre l'Inde traditionnelle et l'Inde moderne devient prétexte à une élégante peinture de mœurs. Dans *Le Monde de Nagaraj*, un homme désirant simplement écrire une thèse sur les paradoxes du sage Narada s'aperçoit qu'il n'arrive pas à penser ; en effet, son neveu a épousé une femme qui écoute à longueur de journée des musiques de film stridentes dans l'espoir de chanter un jour en play-back au cinéma. Mais, entre la vulgarité et la recherche de l'ésotérique à l'écart du monde, quel est le plus grand des deux crimes ?

Que deux frères aussi doués aient su marquer notre premier demi-siècle d'indépendance est une chance inouïe. C'est à croire que les dieux connaissaient notre urgent besoin de protéger notre santé mentale par l'ironie et la satire. Si le romancier et le dessinateur se complètent, chacun constitue à lui seul un témoignage de ce qu'est notre jeune nation.

L'énergie dont ont fait preuve Desani, Laxman et Narayan devrait dissiper les craintes exprimées par Tagore de voir l'Inde continuer à se soustraire à l'«imposture de la création». Ils ont eu le grand mérite de nous donner le choix entre le retrait et la participation. Maintenant, nous avons des guides vers les deux attitudes.

Si j'allège plus efficacement mes souffrances personnelles en riant tous les matins grâce à Laxman qu'en me regardant le nombril, je reconnais que le yoga prolonge mon rire.

Graham Greene a dit un jour que, par ses livres, Narayan lui avait ouvert une seconde maison. Mais l'écrivain indien nous a aussi donné un plus grand confort à l'intérieur des nôtres. Si ces maisons ont été construites selon les principes du Vastushastra, tant mieux. Mais quand la réalité extérieure est trop insupportable, l'ironie de Narayan la rend certainement plus tolérable.

Et lorsque mandalas, mantras et plantes médicinales de l'Ayurveda sont impuissants à nous guérir de notre panique devant le chaos, nous pouvons toujours nous consoler avec l'expérience chèrement gagnée de Hatterr, ou suivre les conseils de son créateur, yogi, penseur et conteur, qui nous pousse à nous replonger sans hésitation dans notre pays, nous exhortant par ces paroles hautement philosophiques : *Allez-y, les gars, foncez à tout berzingue.*

CHAPITRE 34

Formes

En 1912, peu avant de recevoir le prix Nobel de littérature, Rabindranath Tagore fut sollicité pour écrire un
éloge poétique du roi George V à l'occasion de son cou-
ronnement comme empereur des Indes. Agacé, le poète
préféra composer un hymne à la gloire du Dieu.

Guide suprême de tous les esprits
Qui préside à la destinée de l'Inde.
Pendjab, Sind, Gujerat, Maharashtra, Dravida, Orissa,
   Bengale,
Monts Vindhya et Himalaya, fleuves Jumna et Gange,
Vagues de ses océans grossis
S'éveillent, invoquant ton nom,
Implorant ta bénédiction,
Chantant ta gloire.

Cette stance devint bientôt l'hymne national de
l'Union indienne. Lorsqu'il avait cinq ans, mon fils me
raconta un jour un autre conte mythologique. Depuis,
j'ai essayé de savoir comment il l'avait appris, car il a toujours été incapable de me le dire et il est le seul à le
connaître. A Bénarès, j'ai consulté des experts en sanskrit; j'ai épluché des livres sur les légendes indiennes,
mais sans succès. Peut-être a-t-il inventé ce conte lui-

même pour tenter d'expliquer la naissance de son pays — ou d'interpréter à sa manière l'insistance de ses grands-parents à lui donner une terre natale.

L'histoire raconte que Shiva est en profonde méditation dans une grotte fermée par la glace au cœur de l'Himalaya. Pour ne pas le déranger, la déesse qui l'aime n'a pas le droit d'apparaître devant ses yeux. Elle erre sur la terre en essayant d'oublier le grand ascète, fermement résolue à ne pas se retourner pour regarder dans sa direction. Mais elle finit par céder à la tentation ; debout sur une vague en plein océan Indien, elle se retourne vers les montagnes et écarte les bras, suppliant le dieu de répondre à son étreinte. Dans l'espace délimité par ses bras tendus, jaillissent rizières et déserts, fleuves et forteresses de pierre, éléphants et glaciers, cocotiers et temples, bref, le continent indien.

« C'est pour ça, me dit mon fils en imitant le geste de la déesse, que l'Inde a cette forme-là. »

Peut-être fallait-il un esprit d'enfant pour déceler l'existence d'une force rassemblant toutes les tragiques disparités, toutes les divisions raciales, linguistiques et religieuses, toutes les incertitudes qui forment l'Inde, une force inspirant à ses peuples un sentiment plus vaste que le patriotisme, et vers lequel ils tendent les bras. Tagore l'a nommée « géographie rendue sacrée par les dévotions. » Je serais quant à moi bien incapable de lui donner un nom ; je sais seulement qu'elle m'attire lorsque je suis loin, et qu'alors je languis de cette terre façonnée par le désir.

CHAPITRE 35

Loisirs

En ourdou, le mot *firdauz* veut dire loisirs. Il désigne le don d'une chose si exceptionnelle que seul Dieu pouvait l'avoir créée dans un moment où il avait l'esprit libre. Ainsi disons-nous : « Dieu l'a fait à loisir. »

Cette expression décrit parfois :

L'odeur des soirées indiennes, feuilles et galettes de bouse de vache se consumant lentement, et dont la fumée se mêle à l'encens des dévotions vespérales

Les senteurs de la terre desséchée battue par la pluie de mousson, à l'heure où les paons se pavanent

Un vol de perruches, nuée verte balayant le ciel devant le soleil couchant

Des milans tournoyant dans un ciel devenu calme

Les pyramides de lampions précédant le marié assis sur son cheval blanc, tandis que l'orchestre joue *A Summer Place* tambour battant

Des saris qui sèchent sur la rive sablonneuse d'une rivière

L'ombre profonde des rizières à la tombée du jour

La lumière crue du désert, la démarche chaloupée du chameau, les grains de mica brillant dans le sable

Les cloches des troupeaux couvrant le bruit des klaxons, les vaches indiennes aux yeux doux, qui se fau-

filent entre les voitures et s'asseyent par petits groupes au beau milieu de la rue, signe certain de pluie
Le chant des corneilles à l'aube, la toile d'araignée tout étincelante de rosée
Le concert de cloches montant du temple, les cris des bébés perchés sur les hanches des femmes voilées
Le tintement de l'unique cloche au cou d'un éléphant qui descend l'avenue de son pas tranquille
Les grelots aux chevilles de la danseuse
La musique de film crachée par les transistors des petits étals, la litanie lancinante du vendeur de thé ambulant
La flûte solitaire du chevrier hantant les montagnes désertes
Le bourdonnement régulier des moines chanteurs rassemblés autour du pipal sous lequel le Bouddha a reçu l'Eveil
Le cri du muezzin : Il n'y a pas d'autre Dieu que Dieu, et le chant extatique des *quawaalis*
Le feulement du tigre, le sifflement du cobra dans son panier, les pleurs des hyènes, le bruit sec des nénuphars qui s'ouvrent, le grognement des chiens errants, le chant du coucou, annonciateur de pluie
Des idoles disparaissant dans l'océan, des guirlandes se désintégrant dans la marée
L'horizon blanc de la chaîne sacrée de l'Himalaya, le trident d'acier dressé sur un temple à flanc de montagne
Le sifflement d'un train, poussière de charbon sur les sièges de bois, une rivière traversée de nuit
Des guirlandes de jasmin et de soucis tout juste sorties d'un baquet d'eau, le froissement de la mousseline empesée sur la peau
La tiédeur des sols dallés sous les pieds nus, la fraîcheur du henné sur les paumes, la douceur de la peau brune sous la main

Des épices en tas côniques, curcuma orangé, piment rouge, cumin gris, graines de moutarde noires

Des bracelets de verre vendus à la lumière de la lanterne, fragile couleur fracturant les ténèbres

Les effluves des parfums indiens — *attars* de vétiver et de santal, de jasmin et d'opium, une goutte d'*attar* de roses fait avec des milliers de pétales de la rose millefeuille, et l'*attar* appelé loisir

La tache de couleur au front d'une femme hindoue, les ornements d'argent tressés dans les cheveux d'une jeune musulmane, les boucles anguleuses aux oreilles d'une femme venue de sa tribu, un Indien du Nord, à la tête enturbannée de couleur vive, un autre, du Sud, aux épaules enveloppées d'un châle austère, le masque de mousseline qui couvre la bouche du moine jaïn, la robe safran du célibataire, les cheveux emmêlés de l'ascète

Le pain qui gonfle comme un nuage sur le plat, le riz blanc tout fumant sur la feuille de bananier, le café versé de haut pour qu'il refroidisse dans les gobelets d'acier

Le pot de terre qui emperle la main de mille gouttelettes, la cuiller de bambou râpeuse à la langue

La citerne du village, le dôme de marbre, le puits à escalier intérieur

Les hommes fumant le narguilé calés entre les racines d'un banian, les lanternes balancées au rythme du char à bœufs, le klaxon strident des camions peinturlurés

La puanteur du bazar indien, poussière, fleurs, encens, essence, caniveaux débordants, mouches, bonbons poisseux

Sens violentés, sens caressés

Dieu n'a pas pu créer l'Inde autrement qu'à loisir.

Chronologie politique

1947

14-15 août : passation de pouvoirs entre l'Empire britannique et les nouvelles nations de l'Inde et du Pakistan. Le Pakistan oriental et le Pakistan occidental sont séparés par un territoire indien.

L'Empire britannique annonce les modalités de la partition.

Août-septembre : sept millions de personnes traversent les frontières, les émeutes religieuses font un million de morts.

1947-1948

Des royaumes indépendants choisissent de se rattacher à l'Inde ou au Pakistan. Suite à une invasion du Pakistan par des tribus, le dirigeant du Cachemire choisit le rattachement à l'Inde. Le Pakistan refuse de céder les territoires envahis. Les Nations unies fixent les modalités du couvre-feu au Cachemire.

1948

Le mahatma Gandhi est assassiné par un fanatique hindou.

1950

L'Inde adopte sa Constitution.

1951

Première élection législative. Devenu Premier ministre, Jawaharlal Nehru mène le parti national du Congrès à la victoire dans trois Etats. Premier plan quinquennal pour le développement économique.

1959

Le gouvernement de l'Etat de Kerala est dissous.
La Chine annexe le Tibet, le dalaï-lama cherche refuge en Inde.

1962

Guerre indo-chinoise à la frontière tibétaine.
Les troupes chinoises pénètrent en Inde à travers l'Etat d'Assam.

1964

Mort de Nehru. Shastri est nommé Premier ministre.
Lancement de la Révolution verte.

1965

Guerre indo-pakistanaise sur deux fronts, au Gujerat et au Cachemire.

1966

Shastri meurt à Tachkent pendant la conférence de paix indo-pakistanaise qui se tient en Russie.
Indira Gandhi, fille de Nehru — sans lien de parenté avec le mahatma Gandhi —, est nommée Premier ministre par intérim par le parti national du Congrès.

1969

Le parti national du Congrès éclate en plusieurs factions.

1971

Cinquièmes élections législatives. Victoire écrasante d'Indira Gandhi grâce à son slogan Halte à la pauvreté. Le parti national du Congrès s'appellera désormais le Congrès (Indira).
Révolte au Pakistan oriental, réprimée par l'armée pakistanaise.
Près de dix millions de réfugiés s'infiltrent en Assam et au Bengale.

Guerre indo-pakistanaise.
Le Pakistan oriental devient le Bangladesh.

1975
Le juge Sinha, de la Haute Cour de justice d'Allahabad, déclare Indira Gandhi coupable d'irrégularité électorale.
L'état d'urgence est déclaré en Inde.

1977
Victoire du parti Janata aux élections législatives; Morarji Desai devient Premier ministre.

1979
Elections législatives.
Bhindranwale fait campagne avec les candidats d'Indira Gandhi.

1980
Septième scrutin législatif. Indira Gandhi devient Premier ministre.
Sanjay Gandhi s'écrase en avion sur la capitale.
Bhindranwale et ses adeptes élisent résidence dans le Temple d'or d'Amritsar, au Pendjab.

1981
Rajiv Gandhi est élu député.

1982
L'Inde commence à armer les Tamouls du Sri Lanka.

1984
Le gouvernement de l'Etat du Cachemire est remanié.
L'armée indienne est envoyée dans le Temple d'or.
Elections législatives.
Indira Gandhi est assassinée par son garde du corps sikh.
Rajiv Gandhi prend le pouvoir.
Les sikhs sont attaqués à Delhi, les chiffres officiels mentionnent deux mille trois cents morts en deux jours, le Comité des citoyens citant un chiffre supérieur à quatre mille.

Rajiv Gandhi remporte les législatives et devient officiellement Premier ministre.

1985
La Cour suprême accorde à toutes les femmes mariées une allocation familiale pour elles-mêmes et leurs enfants.

1986
Le gouvernement de Rajiv Gandhi fait voter une loi soumettant les femmes musulmanes à l'interprétation médiévale de la charia.

1987
L'Inde viole l'espace aérien du Sri Lanka pour parachuter des vivres aux Tamouls ; accord de paix entre les deux pays ; l'armée indienne est invitée par le Sri Lanka à désarmer les insurgés tamouls.

1988
La mosquée d'Ayodhya est réouverte.
Début de la mobilisation pour la construction d'un temple hindou sur le site tant controversé.

1989
Pose de la première pierre du temple hindou d'Ayodhya.
La neuvième élection législative est remportée par la coalition de Front national ; V.P. Singh devient Premier ministre.
L'armée indienne est rapatriée du Sri Lanka après avoir perdu mille cinq cents soldats contre les Tamouls.

1990
V.P. Singh impose des quotas pour l'éducation et l'emploi des basses castes. Des émeutes s'ensuivent.
Le parti nationaliste hindou, ou Bharatiya Janata Party (BJP), lance un mouvement d'agitation nationale en faveur de la construction du temple d'Ayodhya.
Le gouvernement entoure le site d'un cordon de sécurité et emprisonne les agitateurs.

Chronologie politique

1991
Elections législatives.
Rajiv Gandhi est tué dans un attentat kamikaze à la bombe perpétré par une femme tamoule.
Narasimha Rao, devenu Premier ministre, prend la tête d'un gouvernement où le Congrès (Indira) est minoritaire.
Réforme de l'économie et de la fiscalité.
Elections à l'Assemblée du Pendjab.

1992
La mosquée d'Ayodhya est démolie : émeutes entre hindous et musulmans.

1993
Dix bombes explosent dans Bombay.

1996
Elections législatives.
Le parti Janata, malgré une majorité de sièges, est incapable de former un gouvernement.
Deve Gowda (Janata) devient Premier ministre, et prend la tête d'une coalition de treize partis.
Jugement des accusés dans les massacres sikhs de 1984 ; certains ministres du gouvernement de Rajiv Gandhi comparaissent. Les familles des victimes sont indemnisées.
Elections à l'Assemblée du Cachemire.
Leaders politiques et hauts fonctionnaires sont jugés pour corruption ; plusieurs sont condamnés à des peines de prison.

1997
L'Inde célèbre le cinquantenaire de sa démocratie.

Table

Troisième partie

Quatrième partie

La composition de cet ouvrage
*a été réalisée par l'**Imprimerie Bussière**,*
l'impression et le brochage ont été effectués
sur presse Cameron dans les ateliers
*de **Bussière Camedan Imprimeries***
à Saint-Amand-Montrond (Cher),
pour le compte des Éditions Albin Michel.

Achevé d'imprimer en août 1997.
N° d'édition : 16726. N° d'impression : 1268-1/1648.
Dépôt légal : août 1997.